大人だって本当は知らない

10才からの自信をもつ方法

監修
高濱正伸
花まる学習会代表

マンガ
深蔵

永岡書店

はじめに

「幸《しあわ》せはいつも自分《じぶん》の心《こころ》が決《き》める」という、相田《あいだ》みつをさんの言葉《ことば》を知《し》っていますか。

私《わたし》は60才《さい》を超《こ》えた人間《にんげん》ですが、出会《であ》ったさまざまな人《ひと》たちが幸《しあわ》せか不幸《ふしあわ》せかと考《かんが》えたときに、不幸《ふしあわ》せな人《ひと》の多《おお》くが、自《じ》分《ぶん》の心《こころ》をきちんと見《み》ていないんだなと気《き》づきました。

そういう人《ひと》は、外側《そとがわ》にある評価軸《ひょうかじく》（テストの点数《てんすう》、成績《せいせき》、偏差値《へんさち》、価格《かかく》、ランキング、ブランド、給料《きゅうりょう》や年収《ねんしゅう》などなど）にとらわれていて、「今《いま》、自分《じぶん》は何《なに》にワクワクしているか」ということが見《み》えなくなってしまっているのです。「それいくら？」と値段《ねだん》ばかり気《き》にする人《ひと》っていますよね。

では、自分《じぶん》の心《こころ》を正《ただ》しく見《み》つめて生《い》きていくのには、何《なに》が大事《だいじ》なのでしょうか。その支《ささ》えが「自信《じしん》」だと思《おも》います。自信《じしん》がないと「きっと周《まわ》りはこう思《おも》っているんだろうな」と人目《ひとめ》を気《き》にしたり、「〇〇君《くん》みたいに頭《あたま》よくないし」と不必要《ふひつよう》な比《ひ》較《かく》をして自分《じぶん》を卑下《ひげ》（人《ひと》よりおとっているとして見下《みさ》げること）したりしてしまいます。

だれがどう言《い》おうと「自分《じぶん》は自分《じぶん》、今《いま》、私《わたし》はこれをやりたいんだ」と考《かんが》えながら生《い》きるためには、自分《じぶん》の心《こころ》に起《お》こっていることを正《ただ》しく見《み》つめる、それを信《しん》じられる気持《きも》ちでいる、つまり「自信《じしん》」と言《い》えるものが必要《ひつよう》なのです。

もちろん今《いま》の今《いま》、それがある必要《ひつよう》はありません。人《ひと》はだれでもゆれ動《うご》く青春時《せいしゅんじ》代《だい》の友《とも》だち関係《かんけい》やスポーツ・学業《がくぎょう》への取《と》り組《く》みの中《なか》で、少《すこ》しずつ本物《ほんもの》の自信《じしん》を培《つちか》っていきます。この本《ほん》は、そのときのあなたの支《ささ》えと指針《ししん》になるようにと願《ねが》って作《つく》りました。

と、いかにも自信満々《じしんまんまん》の落《お》ち着《つ》いた大人《おとな》であるような書《か》き方《かた》をしましたが、私自身《わたしじしん》の小学生時代《しょうがくせいじだい》は、嵐《あらし》の中《なか》を生《い》きているようでした。もともと優秀《ゆうしゅう》な姉《あね》とハンサムな弟《おとうと》にはさまれて自信《じしん》がなかったうえに、父親《ちちおや》との関係《かんけい》が微妙《びみょう》で「ぼくはかわいがられていないんだな」と感《かん》じていて、コンプレックスの塊《かたまり》でした。

しかし、母《はは》の愛《あい》には確信《かくしん》を持《も》てていたことを土台《どだい》に、3年生《ねんせい》のときの担任《たんにん》の先生《せんせい》が心《こころ》を開《ひら》くきっかけをくださったこと、6年生《ねんせい》のときの担任《たんにん》の先生《せんせい》が「ぼくってすごい」と自信《じしん》をもたせる対応《たいおう》をしてくださったことで変《か》わっていきました。

毎日《まいにち》欠《か》かさずに日記《にっき》を書《か》き続《つづ》け、中学生《ちゅうがくせい》になってからは、弱《よわ》みをふくめた自分《じぶん》の気持《きも》ちをありのままに書《か》きつけたことで、決定的《けっていてき》に強《つよ》くなっていったと思《おも》います。

この本《ほん》のナスカは頭《あたま》が大《おお》きいことでなやんでいますが、実《じつ》はこれは私《わたし》の過去《かこ》そのものでもあります。5年生《ねんせい》のときは、クラス全員《ぜんいん》に「デコッパチ！」とはやし立《た》てられるいじめを受《う》け、死《し》のうとまで思《おも》いつめました。

今《いま》、まさになやみの中《なか》にいる人《ひと》も多《おお》いかもしれません。私《わたし》があの「世界《せかい》の中《なか》でひとりきり」とも感《かん》じられる厳《きび》しいときをたえぬき克服《こくふく》できたことは、一生《いっしょう》の中《なか》で最《もっと》も大《おお》きい心《こころ》の支《ささ》えとなっています。**逆境《ぎゃっきょう》は乗《の》り越《こ》えれば最大《さいだい》の心《こころ》の力《ちから》になる**ことは伝《つた》えておきたいと思《おも》います。この本《ほん》が、ほんの少《すこ》しでも、あなたの自信《じしん》を培《つちか》う力《ちから》につながりますように。

花《はな》まる学習会代表《がくしゅうかいだいひょう》　高濱正伸《たかはままさのぶ》

今回《こんかい》の宿題《しゅくだい》は、スペシャル難《むずか》しい問題《もんだい》でした。
152÷6=
32×4=
正《ただ》しく解《と》けていたのは、古代《こだい》さん一人《ひとり》だけです!!
古代《こだい》さん、前《まえ》に出《で》てみんなに説明《せつめい》してあげて。
えっ、あっ、その……
ナスカ、すげーな!! どうしてわかったんだよ?
……
えっと…
152÷
でっかい頭《あたま》をフリフリして考《かんが》えたんだよーん!!
どっ!
ふりふり
ほっ…。みんな笑《わら》ってくれた。
152÷6=
32×4
ナスカちゃんって、おもしろーい!! 今日《きょう》いっしょに遊《あそ》ばない?
152÷6=
32×4=
うんっ!!
わたし、ペルル

勇気《ゆうき》を出《だ》して よかったなあ。
ただいまー
なんだよ、ナスカ、ニヤニヤして。
ニヤニヤじゃなくて、ニコニコでしょ!!
あのね、今日《きょう》ね…。
へえ、やったじゃん!! おまえ、家《いえ》と外《そと》じゃ ぜんぜん態度《たいど》が ちがうんだもんな。
だって、はずかしくって…。
頭《あたま》でっかちだし、運動《うんどう》は苦手《にがて》だし、勉強《べんきょう》だって得意《とくい》なわけでもないし…。でもね、ちょっと自信《じしん》がついた気《き》がするんだ。
どどーん
そこのキミ!! キミもこんなふうに思《おも》ったことがあるんじゃない?
だっ、だれ!?

が変《か》わる

オラ！

自信《じしん》が ない

自分《じぶん》はダメって思《おも》ってしまう。
努力《どりょく》もしたくなくなっていく。

一輪車《いちりんしゃ》の練習《れんしゅう》

➡いつまでも乗《の》れないまま

あいさつ

おはよう

➡あいさつされたのに
返事《へんじ》ができない

歌《うた》を歌《うた》う

➡みんなの前《まえ》で歌《うた》うと
悪口《わるくち》を言《い》われている気《き》がする

もう大丈夫《だいじょうぶ》!!

❸回復《かいふく》するスイッチ
自信《じしん》を取《と》りもどす
“考《かんが》え方《かた》”をしよう

❹自信《じしん》をもちたい！
おなやみ相談室《そうだんしつ》

読《よ》んでみたい！

自信《じしん》をもつとこんなふうに世界《せかい》

自信《じしん》がある

自分《じぶん》を信《しん》じてあげられる。
勇気《ゆうき》と強《つよ》さをもつ努力《どりょく》ができる。

一輪車《いちりんしゃ》の練習《れんしゅう》

➡乗《の》れるようになる

あいさつ

おっはー

➡自分《じぶん》から声《こえ》をかけて
友《とも》だちがふえる

歌《うた》を歌《うた》う

➡上手《じょうず》になる、楽《たの》しくなる

この本《ほん》を読《よ》めば

わくわくしてきた！

❶自信《じしん》ってどんなもの？

❷育《そだ》てるスイッチ
自信《じしん》につながる
“行動《こうどう》”をしよう

もくじ

この本《ほん》に出《で》てくる子《こ》たち

古代家《こだいけ》

双子《ふたご》のきょうだい

ナスカ

明《あか》るい性格《せいかく》だが学《がっ》校《こう》ではおとなしい。勉強《べんきょう》にも運動《うんどう》にも自信《じしん》がない。頭《あたま》が大《おお》きいことがコンプレックス。歌《うた》が上手《じょうず》。

リマ

細《こま》かいことは気《き》にしないマイペースな性格《せいかく》。がんこなところを直《なお》したいと思《おも》っている。サッカーが大《だい》好《す》き。

ムーチョ

ナゾのゴリラ。本人《ほんにん》は「ゴリラじゃない！」と言《い》っているが…!?

カカ様《さま》　**チチ様《さま》**

ふたりとも南米《なんべい》の古代文明《こだいぶんめい》を研究《けんきゅう》する学者《がくしゃ》。

ペルル

努力家《どりょくか》で慎重《しんちょう》。絵《え》が得意《とくい》で好《す》きなものがはっきりしている。

ペソ

とりあえずやってみようと思《おも》うタイプ。正義感《せいぎかん》が強《つよ》い。

やっぱり、ダメじゃん。とび箱《ばこ》なんて大《だい》きらい!! もうやだ…。
おっしゃあ、決《き》まった!!

PART 1

自《じ》信《しん》ってどんなもの？

右《みぎ》だ！ついてきて！
自信《じしん》あるなぁ～

激辛《げきから》カレー！
スゲー!!
MENU

きみは、自信《じしん》がある？　自信《じしん》がない？

とび箱《ばこ》5段《だん》なんて、とべるわけないよ。
わたしにはムリムリムリムリ!!
次《つぎ》、古代《こだい》さん！
タタタタタ
ヤダヤダヤダ!!
全然《ぜんぜん》自信《じしん》ないよ…。
神様《かみさま》助《たす》けて～。
ドテ
やっぱり、ダメじゃん。
とび箱《ばこ》なんて大《だい》きらい!!
もうやだ…。
おっしゃあ、決《き》まった!!

ナスカ、元気《げんき》ないねえ。
コイツ、とび箱《ばこ》のテストで失敗《しっぱい》したんだよ。
言《い》わないでよ…。
ナスカなら自信《じしん》をもってやれば、次《つぎ》はできるよ。
簡単《かんたん》に言《い》わないでよ！そもそも自信《じしん》がないし、わたしにはムリなんだよ。
シャンシャカ
シャカシャン♪
オーラ♪♫おそくなって悪《わる》かったな。地球《ちきゅう》じゃない星《ほし》に行《い》っちゃってさ、もどって来《く》るのに時間《じかん》がかかっちゃったよ。会《あ》いたかったぜ‼
Hola《オラ》!
ポカーーン
おいおい、とび箱《ばこ》のとき「神様助《かみさまたす》けて！」ってよんだろ？ナスカが自信《じしん》がないって言《い》うから、ジャッパンまで助《たす》けにきたんだぜ。
ジャッパン…

きみがよく使《つか》う言葉《ことば》はどっち？

どうせ
わたしなんて…。

そんなこと、
オレにできる
わけない。

やるだけ
ムダだよ。

ゼッタイ
無理《むり》！

うまくいく
わけないもん。

自分《じぶん》には
何《なに》もないし…。

あの子《こ》は才能《さいのう》が
あるから…。

前《まえ》も失敗《しっぱい》
したし…。

みんなもそう
言《い》ってるし…。

自《じ》分《ぶん》を信《しん》じていない言葉《ことば》

やってみる前《まえ》から「できるわけない」と思《おも》って、あきらめてしまっていない？　こんな言葉《ことば》を使《つか》うことが多《おお》い人《ひと》は、**自信《じしん》がないタイプ**といえるよ。

なんだか
おもしろそう！
きっと
できる！
うまくいくん
じゃないかな。
まあ、
いっか！
やってみたい
なあ。
多分《たぶん》、
なんとかなる。
とりあえず
やってみよう。
今《いま》は、
これで十分《じゅうぶん》。
やってみなきゃ
わからないでしょ。

自《じ》分《ぶん》を信《しん》じている言葉《ことば》

初《はじ》めてのことでも「なんとかなる」と思《おも》って挑戦《ちょうせん》してみることが多《おお》くない？　こんな言葉《ことば》を使《つか》うことが多《おお》い人《ひと》は、**自信《じしん》があるタイプ**といえるよ。

自信《じしん》は、自分《じぶん》を信《しん》じる力《ちから》！

オレの名《な》はムーチョ。
ナスカとリマが生《う》まれたときから、ずーっと二人《ふたり》を見守《みまも》ってきたぜ。
その昔《むかし》、チチ様《さま》とカカ様《さま》にたのまれちまったからよお。
チチ様《さま》とカカ様《さま》に？
？？
もしかして、あのときの…ほら!!
今《いま》から11年前《ねんまえ》チチとカカは、南米《なんべい》の湖《みずうみ》のほとりで古代文明《こだいぶんめい》の調査《ちょうさ》をしていたの。
そのとき、カカのおなかにはリマとナスカが宿《やど》っていて、
「双子《ふたご》たちが生《う》まれてきたら、ずっと見守《みまも》ってあげてください」
って、湖《みずうみ》の神様《かみさま》にお願《ねが》いをしたの。
二人《ふたり》はその1か月後《げつご》、この湖《みずうみ》のそばで生《う》まれたのよ。

南米《なんべい》の湖《みずうみ》の神様《かみさま》～!?
神様《かみさま》がなんでゴリラなんですかね。
はて…ゴリラ?
人間《にんげん》の姿《すがた》を借《か》りてきたんだぜ、この姿《すがた》、かっこいいだろ!!
わっはっは
神様《かみさま》の姿《すがた》のままだと、おまえらには見《み》えないからな。
って、ゴリラ…。
ぐい
おいおい、おまえらには、オレがゴリラに見《み》えるって言《い》うのか?
そんなわけないだろ。変《へん》なやつらだなあ。
おっもしれー!!ムーチョだってよ。
この神様《かみさま》、人《ひと》の話《はなし》を全然《ぜんぜん》聞《き》いてないね…。
やたらと自信満々《じしんまんまん》だし。
おうよ、ムーチョ様《さま》は自分《じぶん》の力《ちから》を無限《むげん》に信《しん》じているからな。
だって…神様《かみさま》だもーーん!!

自信《じしん》をもつと、こんなふうになれる！

自信《じしん》とは、自分《じぶん》の能力《のうりょく》や価値《かち》を自分《じぶん》で信《しん》じること。自信《じしん》をもつことは、とても大事《だいじ》だよ。いつでもどこでも、自分《じぶん》といっしょにいるのは自分《じぶん》だけだからね。自信《じしん》があると、問題《もんだい》にぶつかっても簡単《かんたん》には落《お》ちこまなくなるし、「自分《じぶん》ならなんとかできるだろう」と前向《まえむ》きに考《かんが》えられるようになるよ。

自分《じぶん》を大切《たいせつ》にできる！

わたし、もちもちカートのベモッチが大好《だいす》きなんだ。
わたしはね、ChuTube《チューチューブ》のチュータが好《す》き！

友《とも》だちとちがっていても、自分《じぶん》の考《かんが》えを大切《たいせつ》にしてきちんと伝《つた》えられる。

失敗《しっぱい》してもすぐに立《た》ち直《なお》れる！

失敗《しっぱい》から立《た》ち直《なお》るたびに、成功《せいこう》に近《ちか》づいていける。

自分《じぶん》で決《き》めることができる！

右《みぎ》だ！ついてきて！
自信《じしん》あるなぁ～

迷《まよ》ったときもどうすればいいか、自分《じぶん》で考《かんが》えられる。

最後《さいご》までやりぬくことができる！

1000ピース
パズル

うまくいかないときも放《ほう》り出《だ》さないで行動《こうどう》できる。

だれかの役《やく》に立《た》てる！

だれかが困《こま》っているとき、勇気《ゆうき》を出《だ》せる。

新《あたら》しいことに挑戦《ちょうせん》できる！

スゲー!!
激辛《げきから》カレー！
MENU

やってみたいことを、すぐ行動《こうどう》にうつせるようになる。

自分《じぶん》が自分《じぶん》と親友《しんゆう》になる!?

　きみは、自分《じぶん》のことをどう思《おも》っている？ 好《す》き？　そうでもない？　もしかして、きらい？　もしも、「自分《じぶん》なんて大《だい》きらい、ほかのだれかになりたい！」と思《おも》ったとしても、それは無理《むり》だよね。だったら、自分《じぶん》のことを好《す》きになれるように、自分《じぶん》を親友《しんゆう》だと思《おも》って大事《だいじ》にしてみよう。

自信《じしん》は自分《じぶん》で育《そだ》てよう

自信《じしん》をもつと、いいことがいっぱいあるだろ？
うん、でもやっぱりわたしにはムリだと思《おも》うんだ…。
自信《じしん》がある人《ひと》って、生《う》まれつきすごい才能《さいのう》があるんじゃないかな。
オレらは凡人《ぼんじん》だもんな。ナスカはいつも自信《じしん》ないって言《い》ってるし。
うんうん
オレは、あんまり考《かんが》えたことないけど、特《とく》に困《こま》ってもいないぞ！
おまえらって、いま何才《なんさい》だ？
4年生だよ
10才《さい》!!
そうか、この考《かんが》え方《かた》が必要《ひつよう》になるころだな。
う～
しゃかしゃか
ジャン
自信《じしん》は自分《じぶん》で育《そだ》てることができる!!
自信《じしん》を？
育《そだ》てる？

10才《さい》って年令《ねんれい》は、友《とも》だちと自分《じぶん》を比《くら》べて落《お》ちこんだり、考《かんが》えこんだりするようになる時期《じき》なんだ。
オレレベルになると、落《お》ちこむことに意味《いみ》はないってわかるんだけどな。
でもおまえらはまだまだお子《こ》ちゃま!!
成長《せいちょう》途《と》中《ちゅう》だから、知《し》らなくって当《あ》たり前《まえ》だぜ~。
「自信《じしん》」ってやつは、トレーニングすれば育《そだ》てることができるんだ!!
ムーチョ様《さま》と一緒《いっしょ》に育《そだ》てていこうぜ。
イエーイ
ぷっ
アハハハハ
そんな、ゴリラの姿《すがた》で言《い》われても…。
頭《あたま》に入《はい》ってこないよなー。
見《み》た目《め》とのギャップありすぎ!!
しつこいやつらだな。
オレのどこがゴリラなんだよ!?
……。
その自信《じしん》はどこから来《き》てるの?
えっと…

いつもの“行動《こうどう》”と“考《かんが》え方《かた》”を変《か》えてみよう

きみの周《まわ》りに自信満々《じしんまんまん》の人《ひと》はいるかな？　その人《ひと》はきみの知《し》らないところで、自分《じぶん》を信《しん》じることができるような「何《なに》か」をしているはず。生《う》まれつき自信《じしん》をもっているわけではないんだよ。きみも、いつもの行動《こうどう》や考《かんが》え方《かた》を変《か》えて、自信《じしん》を育《そだ》てていこう。

1日《にち》10回《かい》でも
1000年《ねん》で365万回《まんかい》!!

毎日《まいにち》の少《すこ》しずつを積《つ》み重《かさ》ねたり…

オレはサイコー!!
全知《ぜんち》全能《ぜんのう》の神《かみ》!!

自分《じぶん》で自分《じぶん》をほめたり…

へこんだときの立《た》ち直《なお》り方《かた》を考《かんが》えたり…

「何《なに》か」っていうのは、たとえばこんなことだぜ。

ま、まぶしい!

自分《じぶん》で自分《じぶん》を信《しん》じる力《ちから》になる！

自信《じしん》が少《すこ》しつくと、その少《すこ》しの自信《じしん》が次《つぎ》の自分《じぶん》の行動《こうどう》を変《か》えてくれるんだ!!
そうすると、また自信《じしん》がついちゃうっていうすごい仕組《しく》みなんだぜ。
自信《じしん》があって堂々《どうどう》としているのは、すごい才能《さいのう》のおかげじゃないってことか…。
自信《じしん》をもつための努力《どりょく》をしてるからってことだよな!
イエース!!
おまえらすごいよ、そのとおりだぜ。
才能《さいのう》はその努力《どりょく》の結果《けっか》なんだ!!

他人《たにん》と自分《じぶん》を比《くら》べてしまうのはどうして？

他人《たにん》と比《くら》べて、「あの子《こ》よりも自分《じぶん》の方《ほう》が上手《じょうず》だ」と思《おも》ったり、「あの子《こ》みたいにはできないから自分《じぶん》はだめだ」と思《おも》ったり…。これは、きみが「他人《たにん》とはちがう自分《じぶん》」を客観的《きゃっかんてき》に見《み》つめられるようになったということなんだ。成長《せいちょう》して大人《おとな》になり始《はじ》めているしょうこだよ。

自分《じぶん》ってどんな人《ひと》だろう？

そろそろ、そのゴリラのコスプレやめない？
しつこいぞ。オレの顔《かお》、そんなにゴリラっぽいのか？
うん、ゴリラ!!
はい かがみ
んん？
ウッホッホ!! ほんとにゴリラじゃねえか。
……。
オーマイガー なんてこった!!
Nooo!!
姿《すがた》を借《か》りる相手《あいて》をまちがえたー!!
やっとムーチョに伝《つた》わったよ。
ガーン
自分《じぶん》を信《しん》じすぎじゃない？人《ひと》の話《はなし》もちゃんと聞《き》いたほうがいいぜ。

まあ、失敗《しっぱい》なんてだれでもすることだからな。
へーキへーキ!! ゴリラもヒトも類人猿《るいじんえん》なんだから、たいしたちがいじゃないぞ。
さすがムーチョ…。へこたれないねえ。
立《た》ち直《なお》りはやっ!!
つまりだ、こんなふうに客観的《きゃっかんてき》に自分《じぶん》を見《み》つめるのも大事《だいじ》なことなんだ。
外見《がいけん》だけじゃなく、心《こころ》の中《なか》もだぜ。
自分《じぶん》の成長《せいちょう》がそこから始《はじ》まっていくんだ。
そのときに、大事《だいじ》なことはコレ!!
ちゃっ
いいところも悪《わる》いところも全部《ぜんぶ》ひっくるめて、自分《じぶん》を見《み》つめてみるってこと!!
♫オレのいいところは〜陽気《ようき》でゆかい〜♫
♫人《ひと》の話《はなし》を聞《き》かないところがたまにキズじゃん〜♫
ええっ、そんなのでいいの〜?
ウッホ

自分《じぶん》のこと、もっと知《し》ろう！

楽《たの》しいのはどんなとき？
ペルルちゃんと遊《あそ》んでいるとき

どんなことでしかられる？
ゲームをなかなかやめないこと

落《お》ちこむのはどんなとき？
友《とも》だちに何《なに》か言《い》われたとき

不安《ふあん》になるのはどんなとき？
テストの前《まえ》！

どんなことでほめられる？
早起《はやお》きができること

ナスカ

自分《じぶん》の好《す》きなところは？
小《ちい》さい子《こ》にやさしい

ほっとするのはどんなとき？
カカ様《さま》にギューってしてもらったとき

今《いま》、がんばっているのはどんなこと？
歌《うた》のレッスン

自分《じぶん》のきらいなところは？
引《ひ》っこみ思案《じあん》なところ

得意《とくい》なことは何《なに》？
歌《うた》が上手《じょうず》！

苦手《にがて》なことは何《なに》？
ドッジボールとか、バスケとか、球技《きゅうぎ》！

球技《きゅうぎ》が苦手《にがて》で引《ひ》っこみ思案《じあん》だけど、歌《うた》が上手《じょうず》で早起《はやお》きが得意《とくい》だし、小《ちい》さい子《こ》にはやさしいし、いいところもある！
自分《じぶん》のことなのに考《かんが》えたことなかったな。

楽《たの》しいのはどんなとき？
ゲームで遊《あそ》んでいるとき

落《お》ちこむのはどんなとき？
サッカーの試合《しあい》に負《ま》けたとき

どんなことでしかられる？
忘《わす》れ物《もの》が多《おお》いこと

不安《ふあん》になるのはどんなとき？
別《べつ》にない！

どんなことでほめられる？
ごはんを残《のこ》さないこと

自分《じぶん》の好《す》きなところは？
ドリブルが上手《じょうず》なところ

ほっとするのはどんなとき？
テストの点《てん》が悪《わる》くなかったとき

今《いま》、がんばっているのはどんなこと？
サッカーの練習《れんしゅう》

自分《じぶん》のきらいなところは？
がんこなところ

リマ

得意《とくい》なことは何《なに》？
ドリブルとリフティング

苦手《にがて》なことは何《なに》？
算数《さんすう》、国語《こくご》、理科《りか》、社会《しゃかい》！

あれ？　オレにもけっこういいところあるみたい。
計算《けいさん》とかめっちゃ苦手《にがて》だし、忘《わす》れ物《もの》が多《おお》いけど、
サッカーの練習《れんしゅう》は毎日《まいにち》してる！
けっこうがんばってるじゃん！

次《つぎ》はきみの番《ばん》だよ。自分《じぶん》のことを見《み》つめてみよう。

楽《たの》しいのは
どんなとき？

落《お》ちこむのは
どんなとき？

ほっとするのは
どんなとき？

不安《ふあん》になるのは
どんなとき？

自分《じぶん》のきらいな
ところは？

自分《じぶん》の好《す》きな
ところは？

得意《とくい》なことは何《なに》？

どんなことで
ほめられる？

どんなことで
しかられる？

苦手《にがて》なことは何《なに》？

今《いま》、がんばっているのは
どんなこと？

前《まえ》のページの二人《ふたり》のように
いいところと悪《わる》いところを
まとめてみよう。

最後《さいご》の質問《しつもん》！　自分《じぶん》ってどんな人《ひと》だと思《おも》う？

いいところと悪《わる》いところを考《かんが》えてみたら、
自分《じぶん》のことが、前《まえ》よりちょっとわかったかも!!
おまえらって、すごいな!! 自分《じぶん》って、こんな人《ひと》なんだって思《おも》えたらそれでオーケー!! ベリベリグッドだぜ。
もっとがんばってみようかな。ムーチョがいてくれたらできそうな気《き》がする!
うんうん、おもしろそうだからオレも!
だって、これからいいところを見《み》つける楽《たの》しみができたんだからな。
自信《じしん》の育《そだ》てがいもあるってもんだぜ。
ふり返《かえ》って…
ウホッ
ムーチョ、だれに話《はな》してるの?
そこのきみ、もしも今《いま》、自分《じぶん》の「好《す》き」や「得意《とくい》」が見《み》つからなくてもへーキだ。
何《なに》も心配《しんぱい》することはないぞ。

ムーチョは、なんでゴリラの姿《すがた》になっちゃったの？
ねぇ
ピカーン
本当《ほんとう》のオレ様《さま》は光《ひかり》のかたまりなんだよ。人《ひと》の目《め》には見《み》えないんだ。
ここに来《く》る途中《とちゅう》で、人《ひと》の体《からだ》に入《はい》ったつもりだったんだけどな。
まちがえて、ゴリラの体《からだ》に入《はい》ってしまってたみたいだ。
たぶん～あそこで…。
ZOO《ズーズー》 ZOO
動物園《どうぶつえん》
ムーチョって、けっこうおっちょこちょいだよね。
ほめられてる？
ウホッ
ねえ、変《へん》な神様《かみさま》～。
そのころ…ある動物園《どうぶつえん》では、飼育《しいく》されているゴリラが突然《とつぜん》姿《すがた》を消《け》したと、大《おお》さわぎになっていた。
ゴリ太郎《たろう》がいないぞ!? どこに消《き》えたんだー!!
大変《たいへん》だー!!
おーい!
でてこーい!
脱走《だっそう》か!? ゴリ太郎《たろう》、帰《かえ》ってこーい～。
ゴリ太郎《たろう》

コラム1　コンプレックスをふき飛《と》ばせ！

運動《うんどう》が苦手《にがて》
かわいくない
頭《あたま》が悪《わる》い
内気《うちき》

他人《たにん》と比《くら》べて自分《じぶん》がおとっていると思《おも》う気持《きも》ちのことを「コンプレックス（劣等感《れっとうかん》）」というよ。コンプレックスの中身《なかみ》は人《ひと》それぞれだけど、ほとんどの人《ひと》が、大《だい》なり小《しょう》なりのコンプレックスをもっているものなんだ。もちろん、子《こ》どもだけじゃなく大人《おとな》にもある。コンプレックスは、大《おお》きくなりすぎると自信《じしん》を失《うしな》って気持《きも》ちが後《うし》ろ向《む》きになってしまうという、ちょっとやっかいなところがあるよ。

でも、だれかの何気《なにげ》ない一言《ひとこと》で、急《きゅう》に自信《じしん》をもてるようになることもあるんだ。たとえば、絵《え》が上手《じょうず》な人《ひと》に自分《じぶん》の絵《え》をほめられたら、「あれ、自分《じぶん》は意外《いがい》と絵《え》がうまいのかも？」なんて、ちょっといい気分《きぶん》になって、絵《え》をかくのが好《す》きになったりすることもあるんじゃないかな？　特《とく》に好《す》きな人《ひと》やあこがれの人《ひと》の言葉《ことば》は、コンプレックスをふき飛《と》ばしてしまうような、自信《じしん》に変《か》わるきっかけにもなるんだよ。

…ということは、自分《じぶん》でコンプレックスをふき飛《と》ばすことだってできるはず。自分《じぶん》の気持《きも》ち次第《しだい》で物事《ものごと》は良《よ》くも悪《わる》くも考《かんが》えられるよ。

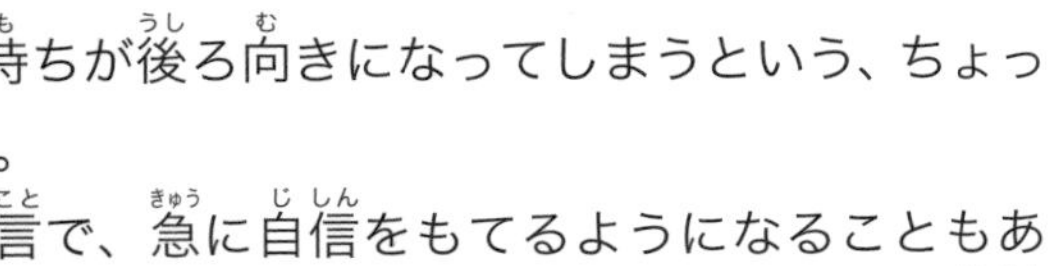
さあ、勇気《ゆうき》をもって
一歩《いっぽ》ふみ出《だ》そうぜ！

毎日《まいにち》やっぱり
腹筋《ふっきん》~~15~~10回《かい》
うで立《た》てふせ
~~15~~10回《かい》!!

PART 2

＼育《そだ》てるスイッチ／

自信《じしん》につながる“行動《こうどう》”をしよう

5年生《ねんせい》の漢字《かんじ》にも挑戦《ちょうせん》!

スイッチ1

自分《じぶん》の体《からだ》を大事《だいじ》にしよう

もう、ナスカのせいだぞ!!
シャカ
シャカ
なんでわたしのせいなの!?
ぜんぜん関係《かんけい》ないし!!
ちょっと、ムーチョうるさい!!
ポカーン…
はっ?
……おまえら。元気《げんき》パワーが下《さ》がってるんじゃないか?
バナナでも食《く》って気分《きぶん》を切《き》りかえろよ。
サッ
♪心《こころ》と体《からだ》、ふたつでひとつ♪つながってるから食《た》べれば元気《げんき》♪
ウッホ
陽気《ようき》な神様《かみさま》だなぁ

“体《からだ》を大事《だいじ》にする”と、どうしていいの？

すぐにイライラしたり、落《お》ちこんだりするときは、元気《げんき》パワーが切《き》れかけていることが多《おお》いよ。まずは元気《げんき》なときの自分《じぶん》を思《おも》い返《かえ》してみよう。

ごきげんな気分《きぶん》で過《す》ごせるようになる！

フフフン♪

少《すこ》しのことではくじけなくなる！

まあいっか！

苦《くる》しいとき、あと一歩《いっぽ》ねばれるようになる！

ラストスパートだ!!
ゴール

パワーが足《た》りないと、元気《げんき》なときには気《き》にならないようなことが気《き》になって、行動《こうどう》できなくなってしまうことがあるんだ。

元気《げんき》なとき

手《て》伝《つだ》って
オッケー!!

元気《げんき》がないとき

めんどくせー。

感《かん》じ方《かた》が変《か》わってしまうんだな。

体《からだ》を大事《だいじ》にするには？

「こんなの当《あ》たり前《まえ》！」って思《おも》うかもしれないけれど、元気《げんき》でいるには、「ねること・食《た》べること・運動《うんどう》すること」が最《もっと》も大事《だいじ》なんだよ。

生活《せいかつ》リズムを整《ととの》える

早寝《はやね》

早起《はやお》き

モグ
モグ

朝《あさ》ごはん

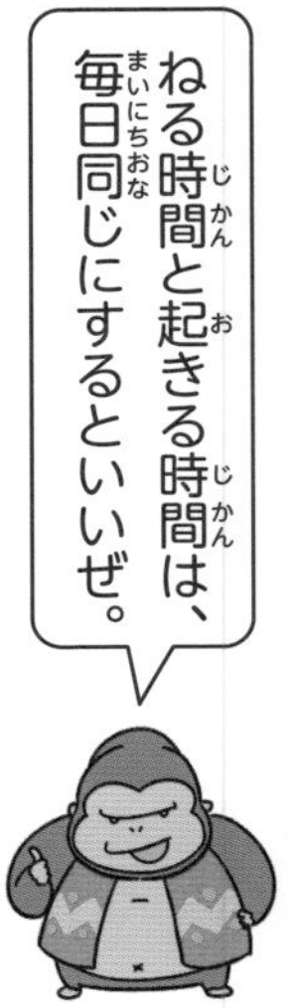
ねる時間《じかん》と起《お》きる時間《じかん》は、毎日《まいにち》同《おな》じにするといいぜ。

すいみんをしっかりとると、心《こころ》も体《からだ》も元気《げんき》になるよ。朝食《ちょうしょく》は一日《いちにち》を始《はじ》めるためのエネルギーになるから、しっかり食《た》べよう。

体力《たいりょく》をつける

身《み》だしなみを整《ととの》える

キマってる！

体《からだ》と心《こころ》はつながっている！

元気《げんき》が出《で》なくて気持《きも》ちが落《お》ち着《つ》かない…。そんなときは、次《つぎ》の方法《ほうほう》を試《ため》して気持《きも》ちを落《お》ち着《つ》けよう。きんちょうしたときにも使《つか》えるよ。

数回《すうかい》、大《おお》きく深呼吸《しんこきゅう》をする

ふー

❶**口《くち》から**息《いき》をはき出《だ》す。

1、2、3…
すぅ〜
4
ピタ

❷ゆっくり**鼻《はな》から**息《いき》をすいこむ。胸《むね》が大《おお》きくふくらむくらい。

ふぅ〜…

❸すいこんだ息《いき》を、ゆっくり**口《くち》から**はき出《だ》す。

かたをぐるぐる回《まわ》す

手《て》をかたにおいて、ひじをぐるりと回《まわ》す。前回《まえまわ》し、後《うし》ろ回《まわ》し、両方《りょうほう》しよう。

かたをギューッと上《あ》げてからストンと下《お》ろす

ぐぐぐ…

かたを耳《みみ》につけるつもりで上《あ》げる。

ストーン

上《あ》げきったらストンとかたを下《お》ろす。

スイッチ2

興味《きょうみ》のあることは、何《なん》でもやってみる！

一輪車《いちりんしゃ》ぐらい、すぐに乗《の》れるようになるって!!
そんな簡単《かんたん》に言《い》わないでよ…。
ムーチョ、どうしたらいい？
一輪車《いちりんしゃ》クラブに入《はい》って練習《れんしゅう》しようかな。
でも、運動《うんどう》ニガテなんだよなあ。
乗《の》れるようにならなかったらはずかしいし。
転《ころ》んだら痛《いた》そうだし。
やっぱりムリかなあ～。
でもなあ…。
すっ
クラブに入《はい》ったら、やめられないかもしれないし。
知《し》ってる子《こ》、だれもいないし…。
うじうじ
ふむふむ
やってみたいと思《おも》うなら、どんどんやれよ!!
もう急《きゅう》に…
うわっ、びっくりした。

“やってみる”と、どうしていいの？

少《すこ》しでも「やってみたいな」と思《おも》ったら、気軽《きがる》に始《はじ》めてみよう。「最初《さいしょ》の一歩《いっぽ》」をふみ出《だ》すには、少《すこ》しだけ勇気《ゆうき》がいるけれど、勇気《ゆうき》を出《だ》せた分《ぶん》だけ自信《じしん》がもてるよ。やる前《まえ》にあきらめるなんてもったいない！

経験《けいけん》がふえる！

レベルアップ！

「一度《いちど》やったことがある」という経験《けいけん》が、後《あと》で役《やく》に立《た》つこともあるよ。

意外《いがい》な「好《す》き」や「得意《とくい》」に気《き》づける！

食《く》わずぎらいはソン！
え〜、美術館《びじゅつかん》？まあいいけど。
ふ〜ん、案外《あんがい》好《す》きかも。

一歩《いっぽ》ふみ出《だ》す
経験《けいけん》がふえる
自信《じしん》がつく

いいサイクルが生《う》まれる！

きみなら、できる！

始《はじ》める勇気《ゆうき》が出《で》ないときは？

でも、どうしても一歩《いっぽ》がふみ出《だ》せない…。そんなときは考《かんが》え方《かた》ややり方《かた》を変《か》えてみよう。

やってみないとわからない！

こんな考《かんが》えはふっ飛《と》ばせ！
続《つづ》けられないかも
うまくできないかも
キック！
失敗《しっぱい》したらどうしよう
おもしろくないかも
パーンチ！
やるだけムダかも

興味《きょうみ》をもったら、“すぐに”行動《こうどう》する

だれかといっしょに始《はじ》めてみる

いっしょにやってみない？

行動《こうどう》しないで頭《あたま》で考《かんが》えていると、やらない言《い》い訳《わけ》ばかり出《で》てきてしまうよ。

最初《さいしょ》は、だれでも初心者《しょしんしゃ》なんだ！

どんなスーパースターでも、最初《さいしょ》はみんな初心者《しょしんしゃ》だよ。努力《どりょく》を積《つ》み重《かさ》ねた結果《けっか》、だれもがあこがれるようなスーパースターになったんだね。だから、始《はじ》めることを始《はじ》めなくちゃ、いつまでたっても始《はじ》まらない！

う〜ん、やってみたけれど…

　やり始《はじ》めてみたのはいいけれど、思《おも》ったよりよくなかった、やっぱり苦《にが》手《て》だった、やめたい、ということもあるはず。イヤイヤ続《つづ》けるのは苦《くる》しいよね。そんなときは、思《おも》い切《き》ってやめることもひとつの方法《ほうほう》。でも、その前《まえ》に試《ため》してほしいことがあるよ。

やり方《かた》を変《か》えてみる

最初《さいしょ》が苦手《にがて》だから、手《て》をつないでもらおう。

上手《じょうず》にできなくて当《あ》たり前《まえ》と考《かんが》える

初《はじ》めはできなくて当《あ》たり前《まえ》だよね。

人《ひと》にどう思《おも》われるかではなく、自分《じぶん》の気持《きも》ちを大事《だいじ》にする

転《ころ》んでやんの!
だっせぇ
気《き》にしないもん!!

「いつまではやってみよう」と期限《きげん》を決《き》める

今月中《こんげつちゅう》はがんばって毎日練習《まいにちれんしゅう》してみよう。

スイッチ3

好《す》きなものをふやそう

ムーチョ、チチ様《さま》の部屋《へや》にいたんだ。
ホームシックみたいだよ。元気《げんき》がなくてな。
えっ、神様《かみさま》なのに⁉
なんだよお、その言《い》い方《かた》…。
ちっ
キラーン
でもな、神様《かみさま》は立《た》ち直《なお》りが早《はや》いんだぜ‼
この部屋《へや》には、オレの好《す》きなものがいーっぱいあるからな。
好《す》きなものがいっぱいあると元気《げんき》が出《で》るの？
ウホッ
そりゃそうだぜ。
イエース♥

“好《す》きなものがある” と、どうしていいの？

サッカーが好《す》き、昆虫《こんちゅう》が好《す》き、おしゃれが好《す》き、歌《うた》が好《す》き…どんなことでもいいから、「好《す》きなもの」をたくさん作《つく》ろう。好《す》きなものがあるということは、自分《じぶん》を大事《だいじ》にすることにつながるよ。

幸《しあわ》せな気持《きも》ちになれる！

安心《あんしん》できる場所《ばしょ》がふえる！

いやなことがあっても、好《す》きなものがあれば気持《きも》ちを切《き》りかえられる！

同《おな》じものが好《す》きな人《ひと》どうしでつながれる！

好《す》きなものを見《み》つけるには？

いっしゅんで「好《す》き」だとわかるものもあれば、最初《さいしょ》はよくわからないものもある。すぐに「苦手《にがて》」「きらい」と決《き》めつけないのがコツだよ。

とりあえずやってみる

不思議《ふしぎ》な味《あじ》だなあ。
食《た》べてみよう〜
ドリアンチップス

「苦手《にがて》」「きらい」と決《き》めつけない

人《ひと》のことは気《き》にしないで、自分《じぶん》の直感《ちょっかん》を信《しん》じる

これ、なんだか気《き》になる。

「きらいじゃない」から好《す》きが見《み》つかることもある

わあ！

好《す》きなものに“はまる”には？

時間《じかん》を忘《わす》れて夢中《むちゅう》になれる、はまれるものがあるのは、とってもステキなことだね。でも、なんとなく好《す》きなだけではそうはならない。「もっと楽《たの》しみたい」という気持《きも》ちが、はまる体験《たいけん》を加速《かそく》させてくれるよ。

こうしたらもっとおもしろいかもと考《かんが》える

ながめるだけじゃなくて、絵《え》にかいてみよう！

同《おな》じものが好《す》きな人《ひと》といっしょに楽《たの》しんでみる

周《まわ》りの人《ひと》に自分《じぶん》の「好《す》き」を広《ひろ》げる

見《み》てみて、この土偶《どぐう》、顔《かお》がハートの形《かたち》でかわいいんだよ！
こっちは宇宙人《うちゅうじん》みたいなの！
みんなをまきこんじゃえ！
ふーん

スイッチ4

小《ちい》さな目標《もくひょう》を達成《たっせい》していこう

オレ、サッカー選手《せんしゅ》目指《めざ》してがんばる!!
プロサッカー選手《せんしゅ》になる!!
おおっ、でっかい夢《ゆめ》だな。すごいぜ♪
二日後《ふつかご》
トレーニングはしたの?
忘《わす》れてた!! えっと、今日《きょう》はドリブル練習《れんしゅう》だ。
三日後《みっかご》
んー
ゴロゴロ
…トレーニングは?
ポテトチップス うすしお
シャカシャカ
ウッホッホッホ♪ まずは小《ちい》さな目標《もくひょう》をクリアしていこうぜ!!
ジャンプたかっ!

小《ちい》さな目標《もくひょう》を達成《たっせい》すると、どうしていいの？

中学受験《ちゅうがくじゅけん》で合格《ごうかく》したい、大会《たいかい》で優勝《ゆうしょう》したいなどの大《おお》きな目標《もくひょう》があるなら、まずは、その目標《もくひょう》を達成《たっせい》するための小《ちい》さな目標《もくひょう》を立《た》てよう。そして、「目《もく》標《ひょう》を立《た》てる➡達成《たっせい》する」をくり返《かえ》して、小《ちい》さな成功《せいこう》を積《つ》み重《かさ》ねていくんだ。

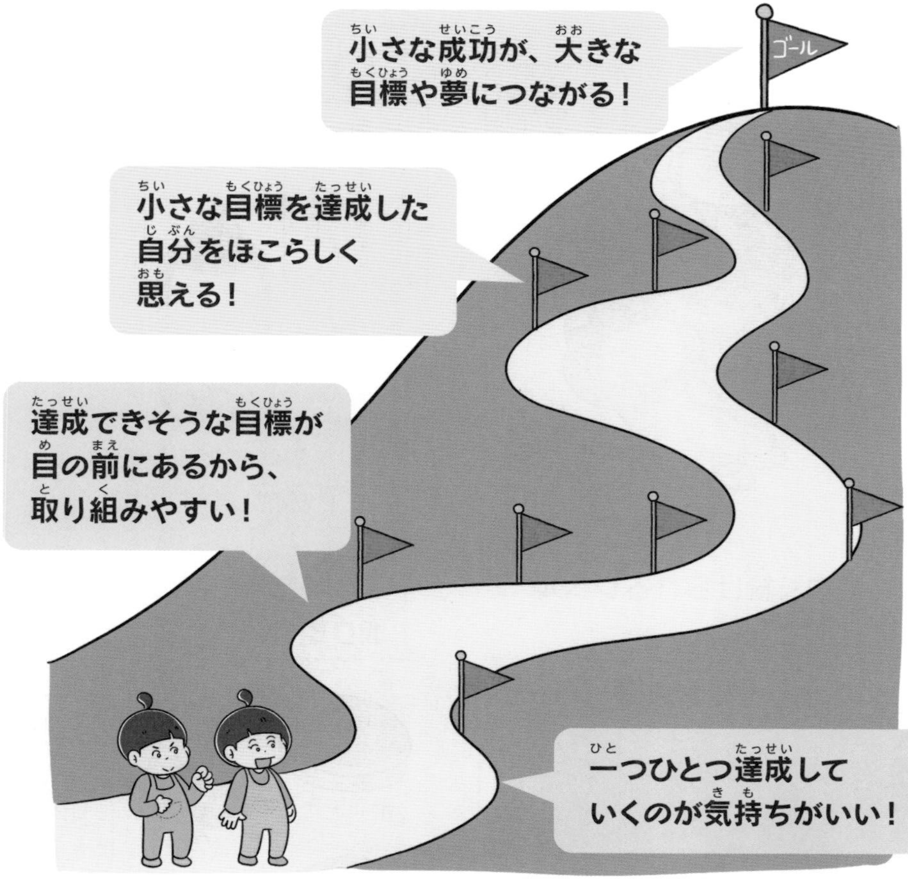
小《ちい》さな成功《せいこう》が、大《おお》きな
目標《もくひょう》や夢《ゆめ》につながる！
ゴール
小《ちい》さな目標《もくひょう》を達成《たっせい》した
自分《じぶん》をほこらしく
思《おも》える！
達成《たっせい》できそうな目標《もくひょう》が
目《め》の前《まえ》にあるから、
取《と》り組《く》みやすい！
一《ひと》つひとつ達成《たっせい》して
いくのが気持《きも》ちがいい！

大《おお》きな目標《もくひょう》がなくても大丈夫《だいじょうぶ》！

まずは、日常生活《にちじょうせいかつ》や勉強《べんきょう》のこと、自分《じぶん》のためになることで、小《ちい》さな目《もく》標《ひょう》を考《かんが》えてみてね。

小《ち》さな目標《もくひょう》を立《た》てるには？

小《ちい》さな目標《もくひょう》は、少《すこ》しがんばったら達成《たっせい》できそうなことにしよう。いきなりむずかしくしないで、少《すこ》しずつレベルを上《あ》げていくのがコツだよ。

目標《もくひょう》は自分《じぶん》で考《かんが》える

今月《こんげつ》は、腹筋《ふっきん》と背筋《はいきん》がメインなの。
スクワットもしたら？

具体的《ぐたいてき》な目標《もくひょう》を立《た》てる

○
早《はや》くねるために宿題《しゅくだい》を夕食前《ゆうしょくまえ》に必《かなら》ずすませる
×
早起《はやお》きがんばる！

具体的《ぐたいてき》なほうが達成《たっせい》しやすいよ。

無理《むり》なく続《つづ》けられるレベルの目標《もくひょう》にする

一日《いちにち》3ページずつ読《よ》むことにしてるんだ。
漢字《かんじ》だらけ！大人《おとな》の本《ほん》だ。

達成《たっせい》したら、次《つぎ》の目標《もくひょう》に取《と》り組《く》む

おかし作《づく》りの名人《めいじん》になる！
ホットケーキ
クッキー
パウンドケーキ
デコレーションケーキ

目標《もくひょう》を達成《たっせい》するには？

ゴールにたどりつくには、毎日《まいにち》取《と》り組《く》むのがいちばんの近道《ちかみち》。でも、続《つづ》けるのってむずかしいよね。めざせ、習慣化《しゅうかんか》！

目《め》につくところに「目標《もくひょう》」をはっておく

毎日《まいにち》腹筋《ふっきん》15回《かい》
うで立《た》てふせ15回《かい》!!

一日《いちにち》の予定《よてい》を決《き》めて、取《と》り組《く》む時間《じかん》を作《つく》る

夕飯前《ゆうはんまえ》にトレーニング。

続《つづ》けるのがむずかしいと感《かん》じたら、目標《もくひょう》を考《かんが》え直《なお》す

毎日《まいにち》腹筋《ふっきん》15 10回《かい》
やっぱり
うで立《た》てふせ15 10回《かい》!!

一日一日《いちにちいちにち》、がんばった自分《じぶん》をほめる

オレ、筋力《きんりょく》ついたな！すごい！

スイッチ5

尊敬《そんけい》する人《ひと》を見《み》つけよう

おまえら～元気《げんき》だったか？
Hola!《オラ》
あっ、ムーチョ!!
一週間《いっしゅうかん》もどこ行《い》ってたのよ、急《きゅう》にいなくなるなんてさ。
オレ、さびしかったぜ～。
…
アイムソーリー!! アイラブユー♡♡
ウッホ
心配《しんぱい》してくれてうれしいぜ。
実《じつ》はな、「立派《りっぱ》な神様《かみさま》になるためのセミナー」があってさ、ジャッパンのうら側《がわ》の国《くに》に行《い》ってたんだ。オレの尊敬《そんけい》する神様《かみさま》が主催《しゅさい》だったもんでよ。
もっと立派《りっぱ》になれるように、しっかり勉強《べんきょう》してきたぜ!!
……!? どういうこと？？

“尊敬《そんけい》する人《ひと》がいる” と、どうしていいの？

「あの人《ひと》のようになりたい」という気持《きも》ちが、自分《じぶん》をふるい立《た》たせてくれるよ。「かっこいい！」「ステキ！」「すごい！」と思《おも》えるような人《ひと》を見《み》つけよう。

自分《じぶん》のお手本《てほん》になる！

かっこいい！
ステキ〜

二人《ふたり》の尊敬《そんけい》する人《ひと》

ナスカの
歌《うた》の先生《せんせい》
徳川家康《とくがわいえやす》

自分《じぶん》とはちがう考《かんが》え方《かた》やものの見方《みかた》を知《し》ることができる！

強弱《きょうじゃく》を意識《いしき》してみて
こんなこと、気《き》にしてなかったな。

その人《ひと》のように自分《じぶん》もがんばろうと思《おも》える！

家康《いえやす》くんみたいにねばり強《づよ》くいくぞ。

尊敬《そんけい》する人《ひと》のことをよく知《し》ろう

「あのような人《ひと》になりたい」と思《おも》ったら、まずはその人《ひと》のことをよく知《し》って、いいところをまねしてみよう。

自伝《じでん》や伝記《でんき》を読《よ》む

徳川《とくがわ》
家康《いえやす》

身近《みぢか》な人《ひと》なら、話《はなし》をたくさん聞《き》かせてもらう

小学生《しょうがくせい》のときは、どんな練習《れんしゅう》をしていたんですか。
あのね…

まねできるところを見《み》つける

この練習法《れんしゅうほう》、やってみたい!
いいわね!

《たとえばこんな人《ひと》》

- 俳優《はいゆう》
- 科学者《かがくしゃ》
- 歴史上《れきしじょう》の人物《じんぶつ》
- 自分《じぶん》の好《す》きなものを極《きわ》めている人《ひと》
- スポーツ選手《せんしゅ》
- 会社《かいしゃ》の社長《しゃちょう》
- スポーツクラブのコーチ
- 学校《がっこう》やじゅくの先生《せんせい》
- 両親《りょうしん》や祖父母《そふぼ》

すごい大人《おとな》はいっぱいいるぜ!

立派《りっぱ》な神様《かみさま》になるためのセミナーって…
ムーチョって神様《かみさま》じゃなかったの？
いやいや、どう見《み》ても神様《かみさま》だろ？
オレ、神様《かみさま》に入門《にゅうもん》してもう11年《ねん》!!
えっ…、たったの11年《ねん》!?
ワッハッハ!! オレ様《さま》のすごさにびっくりしたか？
セミナーも受《う》けたし、努力《どりょく》してるんだぜ。
オレが尊敬《そんけい》している師匠《ししょう》は、神様歴《かみさまれき》3500年《ねん》!! 超《ちょう》すごいだろ？ 師匠《ししょう》を見習《みなら》ってもっとレベルを上《あ》げていくぜ～。
…
まちがえてゴリラに入《はい》っちゃったのも、新米《しんまい》だったからなんだね。
ホームシックになってたのも、まだ新米《しんまい》だったからだな。
こそこそ

スイッチ6

やりとげよう＆少《すこ》しきついほうを選《えら》ぼう

SUPER《スーパー》 MARKET《マーケット》
ショッピングモール
チチ様《さま》とカカ様《さま》って、いつも階段《かいだん》使《つか》うよなあ。
エスカレーター、使《つか》わないの？
きついほうを選《えら》んで、体《からだ》をきたえているんだよ。古代文明《こだいぶんめい》の調査《ちょうさ》には体力《たいりょく》が大事《だいじ》だからな。
ラクばかりしてると筋力《きんりょく》が落《お》ちるからね。
ウホッ!! ブラボー、ブラボー!!

“やりとげる＆きついほうを選《えら》ぶ”と、どうしていいの？

自分《じぶん》がやりたくて始《はじ》めたことでも、成果《せいか》が出《で》なかったり、思《おも》うように進《すす》まなかったりするといやになってしまうこともあるね。すぐにやめたくなってしまうかもしれない。でも、必死《ひっし》にやりとげる経験《けいけん》も大切《たいせつ》なんだよ。そんなとき、自分《じぶん》の力《ちから》がのびるんだ。

ラクな道《みち》
きつい道《みち》
ねばり強《づよ》くなれる！
力《ちから》がのびる！
自分《じぶん》がどこまでがんばれるかを知《し》ることができる！
やりとげた経験《けいけん》が、心《こころ》の支《ささ》えになる！
あのとき がんばれたんだから、今度《こんど》もオレならできる！
あきらめたら、そこで終《お》わりだぜ。

少《すこ》しきついって、どんなこと？

筋肉《きんにく》をつけるには、ラクにできるトレーニングではなく、**あえて少《すこ》しきついトレーニングをする必要《ひつよう》があるん**だ。

これと同《おな》じように、自分《じぶん》で何《なに》かを選《えら》ぶときには、「ラク」にできることよりも少《すこ》しだけハードルを上《あ》げて「きつい」ことをやってみよう。

自分《じぶん》より上手《じょうず》な人《ひと》と練習《れんしゅう》する

ちょっとむずかしいと思《おも》う問題《もんだい》を解《と》く

5年生《ねんせい》の漢字《かんじ》にも
挑戦《ちょうせん》！

きついことも「おもしろそう」と考《かんが》えてやってみる

でこぼこして
歩《ある》きにくそうだけど
なんかおもしろそう
だなぁ

うまくできなく
たってへーキ！
あえてきつい
ことを選《えら》んだ
きみはスゴイぜ！

ウホーッ
マラカス、おっきくなったね。
これも神様《かみさま》レベルを上《あ》げるためのトレーニングのひとつさ。
がんばれ、がんばれ、ムーチョ!!
おうっ、オレは最後《さいご》までやりとげるぜ!!
そうだ!
?
はい、今度《こんど》はこのすいかでトレーニング!!
ドーン
おっ、おう…。
おもい…
ヨロ…
ヨロ…
これ、かっるっ!!
ひょい

スイッチ7

日記《にっき》をつけて自分《じぶん》を見《み》つめてみよう

ねえリマぁ、なんか白《しろ》いのが見《み》えるんだけど?
なになに? ムーチョ、とって!
おやおや、あなたはどちら様《さま》?
ふむふむ
この方《かた》は「もやさん」といって、気持《きも》ちがもやもやしているときに出《で》てくるおばけ様《さま》だそうだ。
おばけ!?
ぎょへー、とりつかれた!!
うんうん
もやさんは悪《わる》いおばけ様《さま》じゃないってよ。
リマに、今《いま》の自分《じぶん》の気持《きも》ちを日記《にっき》に書《か》いてみろって言《い》ってるぜ。
へーキ へーキ
うん
うん

日記《にっき》を書《か》くと、どうしていいの？

特《とく》に気持《きも》ちがもやもやしているときは、日記《にっき》を書《か》くのが効果的《こうかてき》だよ。イヤなことを思《おも》い出《だ》すとはらが立《た》ったり、はずかしくなったりするけれど、書《か》いているうちに頭《あたま》の中《なか》が整理《せいり》されて、気持《きも》ちが落《お》ち着《つ》いてくるんだ。

自分《じぶん》の本当《ほんとう》の気持《きも》ちに気《き》づける！

オレ、くやしかったのか…。

もやもやした理由《りゆう》がわかりすっきりする！

ふう、すっきりした！
日《にっ》記《き》

後《あと》で読《よ》み返《かえ》したときに自分《じぶん》の成長《せいちょう》に気《き》づける！

おっ、このときより成長《せいちょう》してる！

自分《じぶん》のことがわかるようになる！

いつも同《おな》じことでおこってるなあ。

日記《にっき》にはどんなことを書《か》く?

自分《じぶん》を知《し》るための日記《にっき》だから、かっこ悪《わる》いことも情《なさ》けないことも、ドロドロした気持《きも》ちも、もちろんいいことも、何《なん》でも書《か》いてしまおう。

気持《きも》ちに正直《しょうじき》になる
上手《じょうず》に書《か》こうとしなくていい
思《おも》ったことをそのまま書《か》けばいい
だれにも見《み》られないように、日記帳《にっきちょう》はかくしておく!

日記《にっき》に書《か》くことに困《こま》ったら?

何《なん》でも書《か》いていいって言《い》われたら、逆《ぎゃく》に迷《まよ》って書《か》けない?
そんな場合《ばあい》はこうしてみるといいよ。

例《れい》 **できごと** ＋ **そのときの気持《きも》ち**

算数《さんすう》のテストが55点《てん》だった。

うちでは見《み》せられない、どうしよう。

ふたつをセットにして書《か》こう!

気持《きも》ちにぴったり合《あ》う言葉《ことば》をさがそう

思《おも》ったことを書《か》くときは、できるだけ自分《じぶん》の気持《きも》ちにぴったり合《あ》う言葉《ことば》をさがそう。もやもやした気持《きも》ちの正体《しょうたい》が見《み》えてくるよ。

いい気持《きも》ちを表《あらわ》す言葉《ことば》

好《す》き
感動《かんどう》する

うれしい
わくわくする
落《お》ち着《つ》く
楽《たの》しい
信《しん》じる
納得《なっとく》する
満足《まんぞく》する

いやな気持《きも》ちを表《あらわ》す言葉《ことば》

くやしい
落《お》ちこむ
悲《かな》しい

はずかしい
こわい
情《なさ》けない
不安《ふあん》
きらい

つまらない

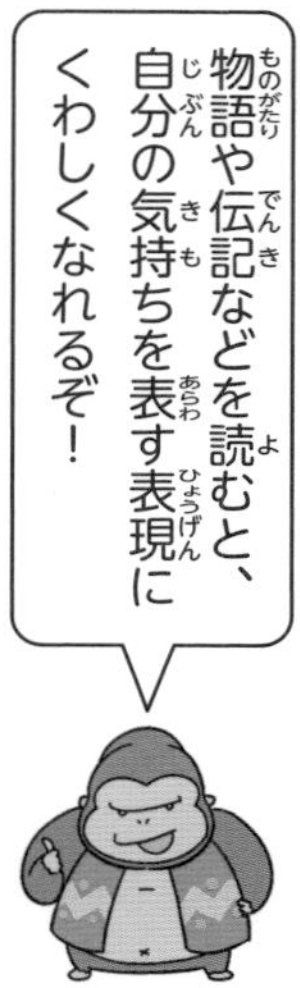
物語《ものがたり》や伝記《でんき》などを読《よ》むと、自分《じぶん》の気持《きも》ちを表《あらわ》す表現《ひょうげん》にくわしくなれるぞ!

ポワ
ポワン
ポワン…
パッ
もやさん、グラシアス♡チャオ!
ふう…ほんとだ、なんだかすっきりした!!

スイッチ8
自分《じぶん》で考《かんが》えるクセをつけよう

カカ様《さま》、明日《あした》ペルルちゃんと遊《あそ》ぶんだけど、何《なに》を着《き》ていこうかな？
この前《まえ》買《か》った緑色《みどりいろ》のT《ティー》シャツは？
それにサンダルを合《あ》わせたらかわいいわよ。
そうか〜。そうかもね、そうする!!
翌日《よくじつ》
どう、似合《にあ》ってる？
ナスカは何着《なにき》てもかわいいわよ。カカの子《こ》だもん。
あっ…
今日《きょう》は走《はし》ったりするかもしれないから、サンダルよりスニーカーのほうがいいかな。
でも、せっかくカカ様《さま》が選《えら》んでくれたからな…。
まずは、**自分《じぶん》がどうしたいかを考《かんが》えよう**ぜ!!
Hola!《オラ》
えって、

“自分《じぶん》で考《かんが》える”と、どうしていいの？

「こう思《おも》う」や「こうしたい」という自分《じぶん》の考《かんが》えを大事《だいじ》にしよう。自分《じぶん》で何《なに》も考《かんが》えないまま、だれかの考《かんが》えにしたがっていたり、人《ひと》からどう思《おも》われるかということを優先《ゆうせん》したりしていると、いつの間《ま》にか自分《じぶん》の気持《きも》ちや考《かんが》えがわからなくなってしまうよ。

自分《じぶん》で判断《はんだん》できるようになる！

これはどう？
絶《ぜっ》対《たい》こっち！

他人《たにん》の考《かんが》えにふり回《まわ》されないようになる！

サッカーなんてつまんないよ
そう？オレは楽《たの》しいよ

自分《じぶん》の考《かんが》えを深《ふか》めることができるようになる！

なんで？
どっち？
どうやって？

もちろん、だれかに相談《そうだん》したり、話《はなし》を聞《き》いたりすることも大事《だいじ》なことだぜ！

どうやって自分《じぶん》で考《かんが》える？

小《ちい》さなことでも自分《じぶん》のことは自分《じぶん》で決《き》めるようにしよう。ほかにも、ニュースで見《み》たことや、学校《がっこう》での出来事《できごと》について、「自分《じぶん》だったらどうするかな」と、いろいろな目線《めせん》から考《かんが》えてみるようにするのもいいよ。

自分《じぶん》のことは自分《じぶん》で決《き》める

ほろ苦《にが》チョコのパフェ！
MENU
ほろ苦《にが》?!

その日《ひ》のニュースを1つ選《えら》んで、そのことについて考《かんが》えてみる

ニュース
NEWS
二酸化炭素《にさんかたんそ》をへらすには…。

疑問《ぎもん》に感《かん》じたことを、調《しら》べてみる

二さんかたんそとは
Search

疑問《ぎもん》について、だれかと話《はな》し合《あ》ってみる

なんで戦争《せんそう》って起《お》きるの？戦争《せんそう》ヤダ…。

《考《かんが》えるときのヒント》

何《なん》で？
どうして？

ほかの考《かんが》え方《かた》は
ないかな？

反対《はんたい》の
考《かんが》えは？

NEWS《ニュース》

そもそも、
それって何《なに》？

比《くら》べて
みたら
どうだろう？

逆《ぎゃく》の
立場《たちば》だったら
どうだろう？

もし、
～だったら
どうだろう？

たとえば
どういうこと？

今日《きょう》は、サンダルじゃなくてスニーカーにするね。
ペルルちゃんと思《おも》いっきり遊《あそ》びたいから。
それもかわいいよ。元気《げんき》に行《い》っといでー!!
公園《こうえん》

スイッチ 9

自分《じぶん》で自分《じぶん》をほめてあげよう

今日《きょう》もマラカスの筋《きん》トレがんばった!!
ダンスも上手《じょうず》におどれた!!
ゴリラの姿《すがた》もけっこう似合《にあ》ってる!!
なんでそんなに自分《じぶん》で自分《じぶん》をほめてるの〜?
オレの自信《じしん》を育《そだ》ててるんだぜ。
ウッホッホ!!
えっ、ムーチョは自信満々《じしんまんまん》なのにまだ足《た》りないの!?
いいから、いいから。おまえらもやってみろよ。
ほら
ほら
えっと…えっとぉ。
んー、オレはスーパーミラクルかっこいい…。
とか?
タハッ
そうそう、その調子《ちょうし》!!
いいね!
てれる〜

“自分《じぶん》をほめる”と、どうしていいの？

自分《じぶん》で自分《じぶん》をほめるって、したことのない人《ひと》が多《おお》いかな？　でも、小《ちい》さなことでも自分《じぶん》をほめるようにしていると、少《すこ》しずつ自分《じぶん》のことを信用《しんよう》できるようになっていくよ。だれかからほめられたらうれしいよね。自分《じぶん》で自分《じぶん》をほめるのも同《おな》じことなんだ。

みんながニコニコだとオレもうれしいぜ。

前向《まえむ》きな気持《きも》ちになれる！

わたしって、おしゃれ♡

オレ、がんばってる！

自分《じぶん》のよさにもっと気《き》づけるようになる！

おしゃれ好《ず》きなのはわたしのいいところだ!!

「やる、やらない」の、判断《はんだん》のもとになる！

練習《れんしゅう》をサボる自分《じぶん》はほめられないな。

どうやって自分《じぶん》をほめる？

ほめるのは日常《にちじょう》のことでいいんだよ。「早起《はやお》きできた」「友《とも》だちにやさしくできた」のような当《あ》たり前《まえ》と思《おも》うようなことでも、あえてほめることでほめポイントをもっと見《み》つけられるようになっていくはず。

一日《いちにち》3個《こ》、いいところを見《み》つけてみる

忘《わす》れ物《もの》しなかったし…。
ご飯《はん》を残《のこ》さなかった
チチ様《さま》に肩《かた》たたき

いいところを紙《かみ》に書《か》き出《だ》す

10月《がつ》9日《か》
落《お》とし物《もの》を交番《こうばん》に届《とど》けた。
10月《がつ》10日《か》

ほめ言葉《ことば》をいっぱいもつ

天才《てんさい》！
がんばってるぅ！
かっこいい！
すごいじゃん！
ナイス！

ねむる前《まえ》に、自分《じぶん》のいいところを思《おも》い出《だ》す

歌《うた》が上手《じょうず》、毎日《まいにち》練習《れんしゅう》して…。

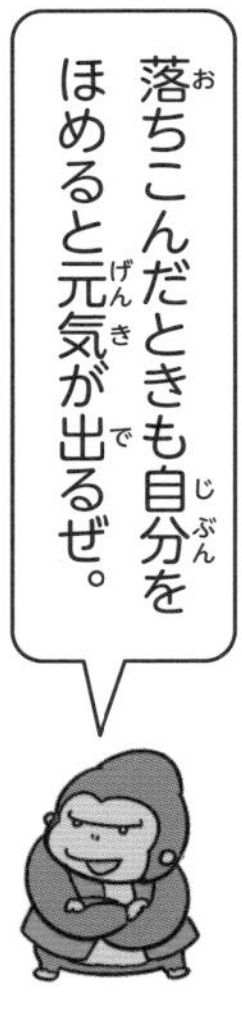

落《お》ちこんだときも自分《じぶん》をほめると元気《げんき》が出《で》るぜ。

友《とも》だちのいいところにも注目《ちゅうもく》！

自分《じぶん》のいいところを見《み》つけてほめているうちに、友《とも》だちや周《まわ》りの人《ひと》たちのいいところにも気《き》づけるようになるんだ。そんなときは、「○○ちゃんすごいね！」って言《い》ってみよう。友《とも》だちからの「すごいね」って言葉《ことば》は、強力《きょうりょく》な自信《じしん》のもとになるよ。

「うれしい」の輪《わ》を広《ひろ》げていこうぜ！
絵《え》が上手《じょうず》、すごい〜！
まあね、ありがとう。

ムーチョといると毎日《まいにち》楽《たの》しいよな！
…
！
ポッ
ねー、ほんと!!
うんうん
おまえらって…サイコーだな!!
オレもめっちゃ楽《たの》しいぜ〜!!
オレも！
わたしも!!
ほめ言葉《ことば》の輪《わ》で、みんなの自信《じしん》がぐんぐん成長中《せいちょうちゅう》!!

スイッチ⑩ 周《まわ》りの人《ひと》を笑顔《えがお》にできるようになろう

ただいまー。ねえねえ聞《き》いて!!
……
ペルルちゃん、いじわるされたこと気《き》にしてるんだな。元気《げんき》出《だ》してほしいなあ。
あっ、そうだ!!
ペールルちゃーん♪
え、
バーン
ぷ…
あはっ、あははっ!!
ギャハハハハ!!
ムムーン
って、ことがあってね。ペルルちゃんが笑《わら》ってくれて、すごくうれしかったんだー。
ウッホッホ
友《とも》だちを笑顔《えがお》にできるなんてすごいな!!
ナスカ、最高《さいこう》にワンダホーだぜ!!

“周《まわ》りの人《ひと》を笑《え》顔《がお》にできる”と、どうしていいの？

自分《じぶん》が思《おも》いがけず言《い》ったりしたりしたことが、だれかに喜《よろこ》んでもらえたことってないかな？　そんなとき、自分《じぶん》も相手《あいて》もハッピーになるよね。これと同《おな》じことを積極的《せっきょくてき》にやってみよう。

周《まわ》りの人《ひと》を幸《しあわ》せにできた自分《じぶん》をほこらしく思《おも》える！
人《ひと》の役《やく》に立《た》っていると感《かん》じられる！
落《お》ちこんでたけど、笑《わら》ったら忘《わす》れちゃった！
周《まわ》りの人《ひと》が喜《よろこ》んでくれたらうれしい！

だれかを笑《わら》わせたい、助《たす》けたいと思《おも》ったら、ちょっと勇気《ゆうき》を出《だ》してお助《たす》けマンになってみよう。

オレは、みんなを笑《え》顔《がお》にすることが大《だい》好《す》きだぜ！

人《ひと》を笑顔《えがお》にする方法《ほうほう》はこれ！

お助《たす》けマンが周《まわ》りの人《ひと》を笑顔《えがお》にする！　自分《じぶん》にできることを少《すこ》しずつやってみてね。

親切《しんせつ》にする

こっち持《も》つよ。

友《とも》だちとたくさん遊《あそ》ぶ

たくさん関《かか》わることで、
人《ひと》の喜《よろこ》ぶことがわかるよ。

ユーモアのセンスをみがく

コントやまんざい、落語《らくご》。
プロの技《わざ》をまねよう！

ここぞという、一発芸《いっぱつげい》を身《み》につける

アハハ
ナスカのマジックショー!!

自分《じぶん》も思《おも》いっきり笑《わら》う

ギャハハハ
アハハハ

相手《あいて》の立場《たちば》で想像《そうぞう》してみる

ナスカ元《げん》気《き》ないな

自分《じぶん》がつらいときは、無理《むり》をしないで

人《ひと》を笑顔《えがお》にできるのは、自分《じぶん》によゆうがあるときだよ。落《お》ちこんでいるときやつらいときは、だれだって自分《じぶん》のことでせいいっぱい。そんなときは、まず自分《じぶん》のことを助《たす》けてあげなくちゃ。

いいことや悪《わる》いことはだれにでも起《お》きるし、がんばっていたって理屈《りくつ》の通《とお》らないひどいことが起《お》きる場合《ばあい》もある。ずっと元気《げんき》なままではいられない。だから、つらいときは無理《むり》をしないで、自分《じぶん》のことを最優先《さいゆうせん》にしよう。そんなとき、だれかが自分《じぶん》を笑顔《えがお》にしてくれたら「ありがとう」を伝《つた》えようね。

いっしょに食《た》べよ♡
元気《げんき》出《だ》して
私《わたし》の好《す》きなアイスだ！
ありがとう
自信《じしん》を回復《かいふく》する方法《ほうほう》は、PART《パート》3で紹介《しょうかい》しているぜ！

きみができそうだなと思《おも》ったのは、①～⑩のどのスイッチだった？

ムーチョ、それなあに?
んっ?
おおお、おおーっ!!
これは神様《かみさま》レベルがアップした印《しるし》だぜ!!
見《み》せて〜
セミナーに通《かよ》ったからアップしたの?
神様《かみさま》ポイントがたまったんだよ。
つまり、おまえらが自信《じしん》を育《そだ》てる方法《ほうほう》をしっかり学《まな》んでくれてるからだ。オレの教《おし》え方《かた》がいいってしょうこだな〜。
なあなあ
オレたちって、すごくないか?
だって神様《かみさま》のレベルを上《あ》げるのに協力《きょうりょく》してるんだぜ。
わっ、ほんとだ!!
そう言《い》われれば
やるね〜、わたしたち!!
できる双子《ふたご》だわー
ナスカとリマの自信《じしん》もぐんぐんアップ!!

突撃《とつげき》！ インタビュー

宇宙飛行士《うちゅうひこうし》のこと、教《おし》えてください！

なあなあ、宇宙《うちゅう》って行《い》ってみたくない？
無重力《むじゅうりょく》ってどんな感《かん》じなのかなあ。
おっ、いいな、行《い》こう行《い》こう!!
そんな簡単《かんたん》に行《い》ける場所《ばしょ》じゃないでしょ…。
たくさん訓練《くんれん》しなきゃいけないって聞《き》いたことあるよ。
んんっ？ オレは宇宙《うちゅう》で知《し》り合《あ》った友《とも》だちがいるぞ？紹介《しょうかい》してやるぜ～。
プールで訓練《くんれん》するの!?
動《うご》くの大変《たいへん》そう…
うわっうわっ、楽《たの》しそう!!
宇宙飛行士《うちゅうひこうし》のこと、いろいろ聞《き》いてみようぜ。

これだけは絶対《ぜったい》に必要《ひつよう》!!

宇《う》宙《ちゅう》飛《ひ》行《こう》士《し》に求《もと》められる、ある力《ちから》とは？

大西《おおにし》さん

初《はじ》めまして。JAXA《ジャクサ》宇《う》宙《ちゅう》飛《ひ》行《こう》士《し》の大西卓哉《おおにしたくや》といいます。2016年《ねん》に約《やく》113日間《にちかん》ISS《アイエスエス》（国際宇宙《こくさいうちゅう》ステーション）に滞在《たいざい》していました。

ペン

宇宙《うちゅう》ってどんな場所《ばしょ》なんですか？

大西《おおにし》さん

宇宙《うちゅう》がどんな場所《ばしょ》かは一《ひと》言《こと》では言《い》えないけど…。無《む》重力《じゅうりょく》でうくことは知《し》っているよね？　無重力状態《むじゅうりょくじょうたい》では筋肉《きんにく》に負荷《ふか》がかからないので、ねるときなどはとてもリラックスすることができます。ぐっすりねむれるから起《お》きるときにはいつもスッキリしていました。

ナスカ

ずーっとふわふわういたままっておもしろそう。でも、宇宙《うちゅう》へ行《い》くのはこわくなかったんですか？

大西《おおにし》さん

宇宙《うちゅう》に行《い》くために地球《ちきゅう》で7年間《ねんかん》も訓練《くんれん》していたからね。それに、毎日《まいにち》の任務《にんむ》をこなしていたらあっという間《ま》でした。出《しゅっ》発前《ぱつまえ》は、ロケットの打《う》ち上《あ》げのときに、その先端《せんたん》の宇宙船《うちゅうせん》に乗《の》る自《じ》分《ぶん》がどんな気持《きも》ちになるか想像《そうぞう》がつかなくて不安《ふあん》でした。でもいざとなったら冷静《れいせい》な自分《じぶん》がいたんだ。それまでにできることは全部《ぜんぶ》やったという気持《きも》ちが強《つよ》かったのかもしれません。

リマ

7年《ねん》も訓練《くんれん》するのかあ…。その間《あいだ》にイヤになったり落《お》ちこんだりしたことはなかったんですか？　オレだったら途中《とちゅう》でやめちゃいそう。

大西《おおにし》さん

もちろん落《お》ちこむことはたくさんありましたよ。で

も、あきらめたらそこで終《お》わりになってしまいます。それに、訓練《くんれん》では目《め》の前《まえ》のもの一《ひと》つひとつと向《む》き合《あ》っていけばよかったんです。最初《さいしょ》はすごく高《たか》いゴールに見《み》えるんだけど、訓練《くんれん》を一《ひと》つひとつクリアしていくごとに自然《しぜん》とそこに到《とう》達《たつ》できるようなプログラムになっていました。だからがんばれたのかもしれません。

ナスカ 
それ、ムーチョも言《い》ってた（⬇47ージ）ことだ！

大《おお》西《にし》さん 
おっ、ムーチョやるね！　そのとおりです。

ペン 
どんな人《ひと》が宇宙飛行士《うちゅうひこうし》になれるんですか？

大《おお》西《にし》さん 
ぼくはもともと航空会社《こうくうがいしゃ》で旅客機《りょかくき》のパイロットをしていたんです。JAXA《ジャクサ》が宇宙飛行士《うちゅうひこうし》の候補者《こうほしゃ》を募集《ぼしゅう》していると知《し》ってダメもとで応募《おうぼ》したら運《うん》よく合格《ごうかく》しました。応募《おうぼ》の条件《じょうけん》はありますが「どんな人《ひと》」と決《き》められているわけではありません。ただ、パイロットと仕事内容《しごとないよう》が似《に》ているところもあるので、その点《てん》は有利《ゆうり》だったかもしれません。ほかには医師《いし》など、プレッシャーに強《つよ》い職業《しょくぎょう》だった人《ひと》が多《おお》いかもしれません。

ペルル 
これだけは宇宙飛行士《うちゅうひこうし》に必要《ひつよう》というものはありますか？

大《おお》西《にし》さん 
もっとも大切《たいせつ》なのは〝冷静《れいせい》さ〟だと思《おも》います。人《ひと》は想定外《そうていがい》の出来事《できごと》にあわてる生《い》き物《もの》ですが、ふつうの状態《じょうたい》のときに出《だ》せる力《ちから》が100なのに、パニックになって30と下《さ》がってしまう人《ひと》にはできないと思《おも》います。この落《お》ち幅《はば》が少《すく》ないことが求《もと》められる仕事《しごと》なので、気分《きぶん》のうきしずみが大《おお》きい人《ひと》には向《む》いていないかもしれません。ハイテンションである必要《ひつよう》はありませんが、緊迫《きんぱく》した場面《ばめん》、リラックスした場面《ばめん》でも同《おな》じように冷静《れいせい》に対応《たいおう》できることが重要《じゅうよう》です。

ナスカ 
大西飛行士《おおにしひこうし》は、どうやってその自信《じしん》がもてるようになったんですか？

大《おお》西《にし》さん 
自信《じしん》かあ…。宇宙飛行士《うちゅうひこうし》になる訓練《くんれん》にはいろいろあって、山《やま》の中《なか》に放《ほう》りこまれたり、ぐるぐる回《まわ》る機械《きかい》に乗《の》せられてG《ジー》（重力《じゅうりょく》）を変《か》えられたり、想定《そうてい》できるあらゆることを体験《たいけん》させてもらいました。ぼくにとって自信《じしん》とは、努力《どりょく》した結果《けっか》自然《しぜん》と身《み》についてくるもの、というイメージです。外《そと》からだれかに身《み》につけさせられるものではなく、本人《ほんにん》が長《なが》い時間《じかん》をかけてがんばってきた結果《けっか》として自然《しぜん》に身《み》につくものなのかなと思《おも》います。

ナスカ　失敗《しっぱい》したらどうしよう…って思《おも》いませんか?

大西《おおにし》さん　ぼくは失敗《しっぱい》した経験《けいけん》のほうが学《まな》びとして大《おお》きいと思《おも》っています。失敗《しっぱい》することもすごく大事《だいじ》。その失敗《しっぱい》をちゃんと自分《じぶん》の中《なか》で分析《ぶんせき》して、何《なに》が悪《わる》かったのか、じゃあ次《つぎ》どうすれば防《ふせ》げるのかと考《かんが》えて、自分《じぶん》の中《なか》で向《む》き合《あ》うことが大切《たいせつ》だと思《おも》います。あと、それをほかの人《ひと》に伝《つた》えることも重《じゅう》要《よう》です。

これはパイロットの世界《せかい》での文《ぶん》化《か》なのですが、パイロットは失敗《しっぱい》を共有《きょうゆう》し合《あ》います。自分《じぶん》で経験《けいけん》できる失敗《しっぱい》の数《かず》やパターンはたかが知《し》れていますが、たとえば訓練《くんれん》で6人《にん》の仲間《なかま》がいれば、それぞれの失敗《しっぱい》を話《はな》し合《あ》って、結果《けっか》、同《おな》じ時間《じかん》で6倍《ばい》の経験《けいけん》、エッセンスを得《え》て学習《がくしゅう》することができるんです。そういう意味《いみ》で失敗《しっぱい》をおたがいに共《きょう》有《ゆう》し合《あ》うことはチームとしてもすごく大事《だいじ》なことだと思《おも》っています。

大西《おおにし》卓哉《たくや》飛行士《ひこうし》のプロフィール

大学《だいがく》を卒業後《そつぎょうご》、民間《みんかん》の航《こう》空会社《くうがいしゃ》で飛行機《ひこうき》のパイロットとして働《はたら》く。その後《ご》、JAXA《ジャクサ》の日本人《にほんじん》宇宙《うちゅう》飛行《ひこう》士《し》候補者《こうほしゃ》に選《えら》ばれ、ISS《アイエスエス》(国際《こくさい》宇宙《うちゅう》ステーション)搭乗《とうじょう》宇宙《うちゅう》飛行士《ひこうし》として認定《にんてい》される。7年間《ねんかん》の訓練《くんれん》を経《へ》て、ISS《アイエスエス》に約《やく》113日間《にちかん》滞在《たいざい》した。現在《げんざい》は「きぼう」(ISS《アイエスエス》にある実験《じっけん》モジュール)の運用管制《うんようかんせい》も行《おこな》っている。

大西卓哉（おおにし たくや）

1975 年生まれ。東京大学工学部航空宇宙工学科を卒業後、全日本空輸に入社。ボーイング 767 型機の副操縦士として運航に従事した。2009 年に JAXA の日本人宇宙飛行士候補者として選抜され、2011 年に NASA の ISS 搭乗宇宙飛行士として認定される。2016 年にISS第 48 次 /49 次長期滞在クルーのフライトエンジニアとして ISS に約 113 日間滞在。滞在中は、シグナス補給船運用 6 号機（OA-5）のキャプチャ（把持）や船外活動（EVA）支援でのロボティクス運用、ISS保全や宇宙環境を利用した日本および国際パートナーの科学実験などを実施した。現在は宇宙飛行士として技量維持向上訓練を継続するとともに、フライトディレクターとして「きぼう」運用管制にも従事している。

リマ それ、サッカーにもいかせそう！

大《おお》西《にし》さん そうですね。同《おな》じ訓練《くんれん》をしていて後《あと》のチームが前《まえ》のチームと同《おな》じ失敗《しっぱい》をすると、注意《ちゅうい》されるのは前《まえ》のチームなんです。

ペソ えっ、どうしてですか!?

大《おお》西《にし》さん 前《まえ》のチームがそのミスを後《あと》のチームと正確《せいかく》に共有《きょうゆう》していなかったということです。ぼくもそれまでは、相手《あいて》の失敗《しっぱい》＝自分《じぶん》が有利《ゆうり》になることだと考《かんが》えていたので、この考《かんが》え方《かた》は目《め》からうろこでした。

ペルル 宇宙《うちゅう》に行《い》ってみて、考《かんが》え方《かた》などが変《か》わったことはありますか？

大《おお》西《にし》さん 人生観《じんせいかん》が変《か》わったというような大《おお》きな変化《へんか》はないですが、無重力《むじゅうりょく》の世界《せかい》がどういうものかを本当《ほんとう》の意味《いみ》で理解《りかい》したのは実際《じっさい》に行《い》って経験《けいけん》したからだと思《おも》います。

ＩＳＳ《アイエスエス》は、地上《ちじょう》から約《やく》４００km《キロメートル》の上空《じょうくう》を飛《と》んでいて、地球《ちきゅう》のスケールでいうと、うす皮《かわ》一枚《いちまい》分《ぶん》外側《そとがわ》を飛《と》んでいるだけなんです。窓《まど》から見下《みお》ろしても地球《ちきゅう》が視界《しかい》いっぱいに広《ひろ》がっているので、イメージするほど遠《とお》くの宇宙《うちゅう》という感《かん》じはしないかもしれません。

ペソ でも行《い》ってみたーい！無重力《むじゅうりょく》でういてみたーい！

大《おお》西《にし》さん きみたちが大《おお》きくなるころには遠《とお》くはなれた宇宙《うちゅう》が、もっと身近《みぢか》に感《かん》じられる世界《せかい》になっているかもしれません。好《す》きなこと、得意《とくい》なこと以外《いがい》に、苦手《にがて》なこと、きらいなこともあきらめないでがんばってみてほしいです。いま自分《じぶん》がやらなきゃいけないことがあるなら、それを一生懸命《いっしょうけんめい》やることも大事《だいじ》だとぼくは思《おも》います。その経験《けいけん》は将来《しょうらい》必《かなら》ず役《やく》に立《た》つはずですよ。

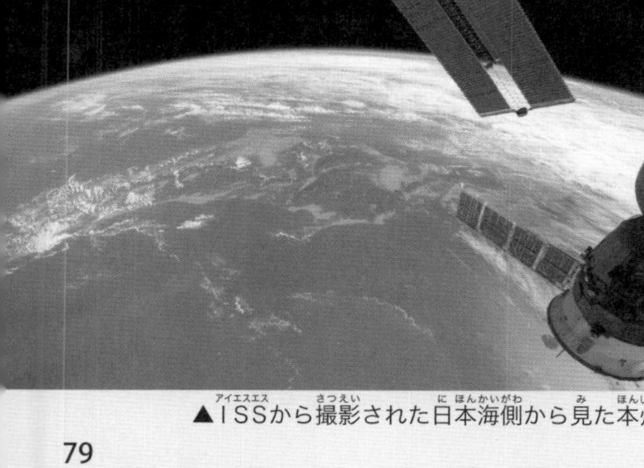

▲ＩＳＳ《アイエスエス》から撮影《さつえい》された日本海側《にほんかいがわ》から見《み》た本州《ほんしゅう》

コラム2 “夢実現《ゆめじつげん》シート”を考《かんが》えよう!

「メジャーリーガーの大谷選手《おおたにせんしゅ》は、
プロ野球選手《やきゅうせんしゅ》になるという夢《ゆめ》をかなえるのに、
高校生《こうこうせい》のときに64個《こ》の目標《もくひょう》を考《かんが》えたんだってよ」

「64個《こ》？　めちゃくちゃ多《おお》いね！」

「そんなにたくさんの目標《もくひょう》ないよー」

「じゃあ、こんなふうに考《かんが》えてみようぜ」

大谷翔平選手《おおたにしょうへいせんしゅ》
1994年《ねん》生《う》まれ、2013年《ねん》よりプロ野《や》球《きゅう》で二刀流《にとうりゅう》の選手《せんしゅ》として活躍《かつやく》。2018年《ねん》からはアメリカのメジャーリーグでプレーしている。

大谷選手《おおたにせんしゅ》の“目標《もくひょう》”の考《かんが》え方《かた》

❶いちばん大《おお》きな目標《もくひょう》（ゴール）を立《た》てる。
❷大《おお》きな目標《もくひょう》をかなえるために必要《ひつよう》な力《ちから》を8個《こ》に分《わ》けて考《かんが》える。
❸8個《こ》の力《ちから》を育《そだ》てるための具体的《ぐたいてき》な行動《こうどう》を、さらに8個《こ》ずつ考《かんが》える。
そうすると、全部《ぜんぶ》で64個《こ》になる。

A《エー》	B《ビー》	C《シー》
D《ディー》	大《おお》きな目標《もくひょう》（ゴール）	E《イー》
F《エフ》	G《ジー》	H《エイチ》

〈大《おお》きな目標《もくひょう》に必要《ひつよう》な力《ちから》 8個《こ》〉

1	2	3
4	C《シー》	5
6	7	8

〈力《ちから》を育《そだ》てるための具体的《ぐたいてき》な行動《こうどう》 8個《こ》〉

「オレもちょっとだけ考《かんが》えてみたぜ！」

スピード	テクニック	体力《たいりょく》
生活《せいかつ》習慣《しゅうかん》	J《ジェイ》リーグのユースチームに入《はい》る！	自信《じしん》
知識《ちしき》	思《おも》いやりの心《こころ》	継続力《けいぞくりょく》

〈大《おお》きな目標《もくひょう》に必要《ひつよう》な力《ちから》 8個《こ》〉

腹筋《ふっきん》	うでたてふせ	背筋《はいきん》
スクワット	体力《たいりょく》	水泳《すいえい》
ランニング	じゅうなん体《たい》そう	なわとび

〈力《ちから》を育《そだ》てるための具体的《ぐたいてき》な行動《こうどう》 8個《こ》〉

あと10回《かい》!
あいつもがんばっている。オレも!

PART 3

\回復《かいふく》するスイッチ/

自信《じしん》を取《と》りもどす“考《かんが》え方《かた》”をしよう

これ、食《た》べてみてくれる?
見《み》た目《め》は悪《わる》いけどおいしいよ!!

スイッチ①

ヘーキヘーキ！　いっぱい失敗《しっぱい》しよう

うわーん、失敗《しっぱい》した!!
みんなにおいしいケーキを食《た》べてほしかったのに…。
ぐちゃあ～
上手《じょうず》にできないから、もうケーキ作《づく》りはやめる!!
あらあら
ペロ
見《み》た目《め》はともかく、味《あじ》はうまいぞ？
ムシャムシャ
うわーん、見《み》た目《め》が悪《わる》いって言《い》われた!!
ムーチョ、正直《しょうじき》すぎ！
あれ？オレ、いまほめたんだぞ…？

いっぱい失敗《しっぱい》してもいいの？

　どんなことも、失敗《しっぱい》しないですぐにできたらかっこいいよね。でも、最《さい》初《しょ》から何《なん》でもカンペキにできる人《ひと》なんていない！　失敗《しっぱい》すると落《お》ちこんでしまうけれど、その失敗《しっぱい》から立《た》ち直《なお》るとき少《すこ》しだけ強《つよ》くなっているよ。失《しっ》敗《ぱい》にへこたれない自分《じぶん》を目指《めざ》そう。

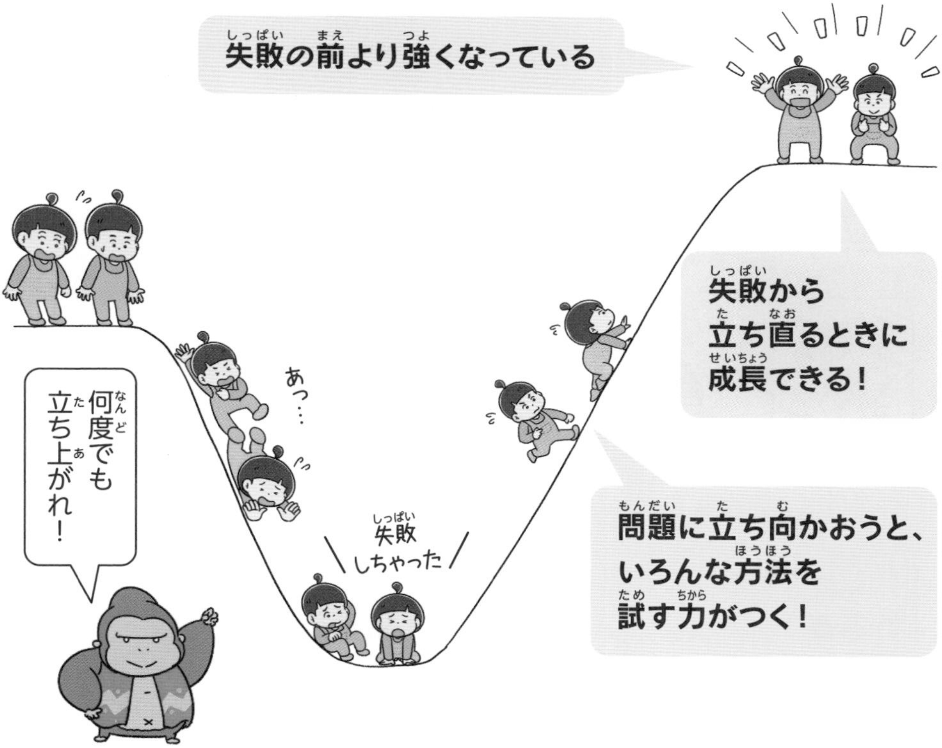

失敗《しっぱい》の前《まえ》より強《つよ》くなっている
失敗《しっぱい》から立《た》ち直《なお》るときに成長《せいちょう》できる！
問題《もんだい》に立《た》ち向《む》かおうと、いろんな方法《ほうほう》を試《ため》す力《ちから》がつく！
何度《なんど》でも立《た》ち上《あ》がれ！
あっ…
失敗《しっぱい》しちゃった

アインシュタインの言葉《ことば》

「まちがったことがない人《ひと》は、何《なに》も新《あたら》しいことを試《ため》していない人《ひと》だ」

(1879－1955年《ねん》)
ドイツ生《う》まれのユダヤ人《じん》。相対性理論《そうたいせいりろん》を発表《はっぴょう》した物理学者《ぶつりがくしゃ》。

失敗《しっぱい》は“成長《せいちょう》”のもと

正《ただ》しくは「失敗《しっぱい》は**成功**《せいこう》のもと」。失敗《しっぱい》してもダメだったところを直《なお》していけば、やがて成功《せいこう》する、という意味《いみ》のことわざだよ。これってつまり、「成長《せいちょう》」のもとでもあるよね。だから、失敗《しっぱい》するのがこわい人《ひと》は、こんなふうに考《かんが》えてみよう。

ピンチはチャンス！

形《かたち》がくずれちゃった…。

フルーツでかくしちゃうのはどうだ？

成功《せいこう》に一歩近《いっぽちか》づく

次《つぎ》こそ

失敗《しっぱい》して初《はじ》めてわかることがある

これ、食《た》べてみてくれる？
見《み》た目《め》は悪《わる》いけどおいしいよ!!

自分《じぶん》なら「大丈夫《だいじょうぶ》」と信《しん》じる

今度《こんど》は絶対《ぜったい》うまくできる！

失敗《しっぱい》を乗《の》りこえるには？

失敗《しっぱい》は問題点《もんだいてん》に気《き》づかせてくれる大事《だいじ》な経験《けいけん》にもなるよ。失敗《しっぱい》をそのままにしないで向《む》き合《あ》えば、きっと次《つぎ》はうまくいくよ！

失敗《しっぱい》の理由《りゆう》を考える

ねぼうしたわけは…。

ちがう方法《ほうほう》を試《ため》してみる

音《おと》の大《おお》きい目覚《めざ》ましにしてみよう。

失敗《しっぱい》したことを引《ひ》きずらない

ねぼうしちゃったけど、今日《きょう》も一日《いちにち》がんばる！

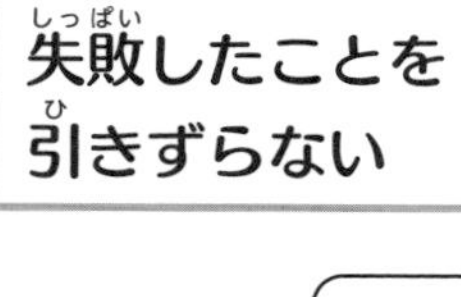

エジソンの言葉《ことば》

「私《わたし》は一度《いちど》も
失敗《しっぱい》をしたことがない。
単《たん》に何通《なんとお》りものうまくいかない
方法《ほうほう》を試《ため》しただけだ」

(1847－1931年《ねん》)
アメリカ合衆国《がっしゅうこく》の発明家《はつめいか》。蓄音機《ちくおんき》・白熱電球《はくねつでんきゅう》など数多《かずおお》くの発明《はつめい》をした。

スイッチ2

“人《ひと》は人《ひと》、自分《じぶん》は自分《じぶん》”でいこう

テスト、何点《なんてん》だった？
じゃーーん
まあまあだったな。
すげー!!
オレもそれくらい取《と》れると思《おも》ったのにな。
ペソくん、満点《まんてん》なんてすごいな!!
それ50点満点《てんまんてん》のテストだろ？
あれ？そうだっけ…。
ってコトは…
オレたちって、天才《てんさい》じゃね？
ちがうわぃ!!
100点満点《てんまんてん》のテストだよ…。

“今《いま》”の自分《じぶん》は、これでいい

友《とも》だちと比《くら》べて「自分《じぶん》ってダメだな」と自信《じしん》をなくしてしまうことってあるよね。でも、人《ひと》それぞれ成長《せいちょう》のスピードはちがうんだ。

大事《だいじ》なのは、**これまでの自分《じぶん》の努力《どりょく》や成長《せいちょう》を自分《じぶん》で認《みと》められるようになること**だよ。人《ひと》のことよりも、自分《じぶん》の「今《いま》」に目《め》を向《む》けていこう。

その人《ひと》なりにがんばってきたから、「今《いま》」がある！

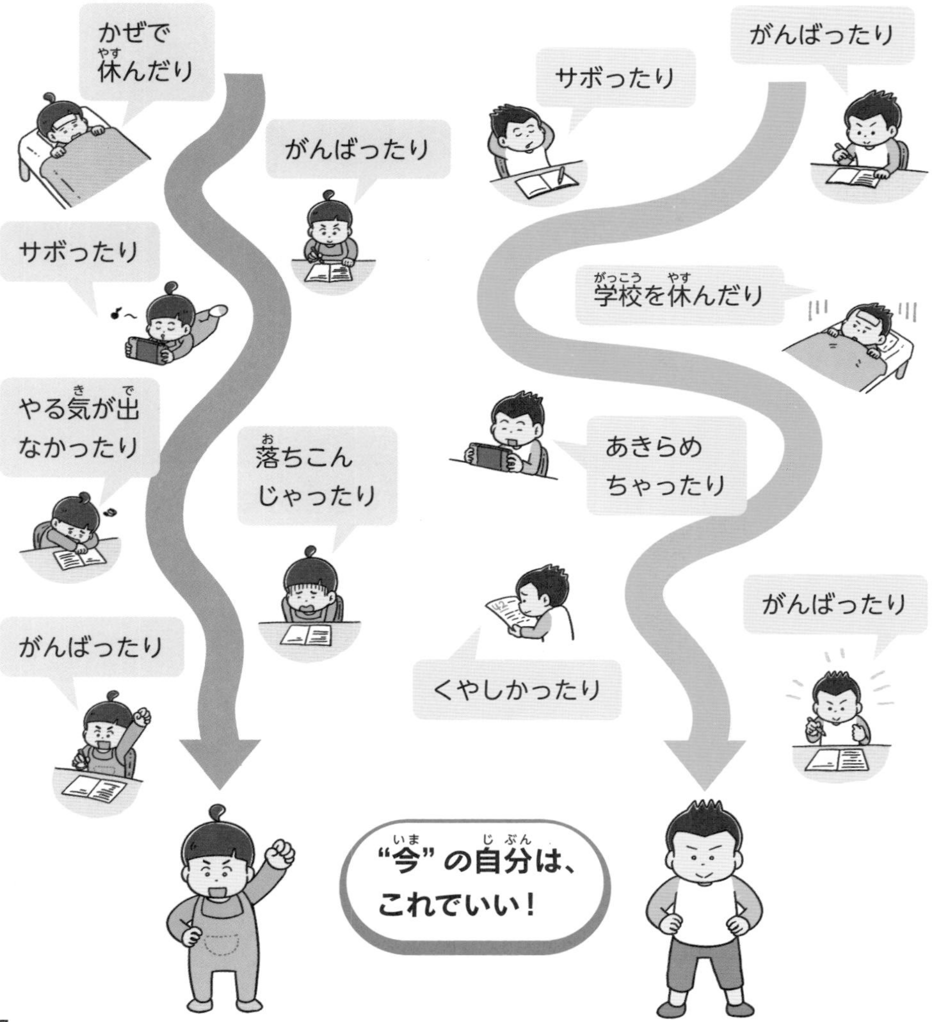
かぜで休《やす》んだり
がんばったり
サボったり
やる気《き》が出《で》なかったり
落《お》ちこんじゃったり
がんばったり
がんばったり
サボったり
学校《がっこう》を休《やす》んだり
あきらめちゃったり
くやしかったり
がんばったり
“今《いま》”の自分《じぶん》は、これでいい！

どうしても人《ひと》と比《くら》べてしまう

それでも、どうしても人《ひと》と比《くら》べてしまう…。そんなときは、「過去《かこ》の自分《じぶん》」と今《いま》の自分《じぶん》を比《くら》べてみよう。1週間前《しゅうかんまえ》の自分《じぶん》、1か月前《げつまえ》、3か月前《げつまえ》、半年前《はんとしまえ》…、過去《かこ》の自分《じぶん》を思《おも》い出《だ》してみると、できるようになったことや成長《せいちょう》していることがあるはず！

過去《かこ》の自分《じぶん》と今《いま》の自分《じぶん》を比《くら》べる

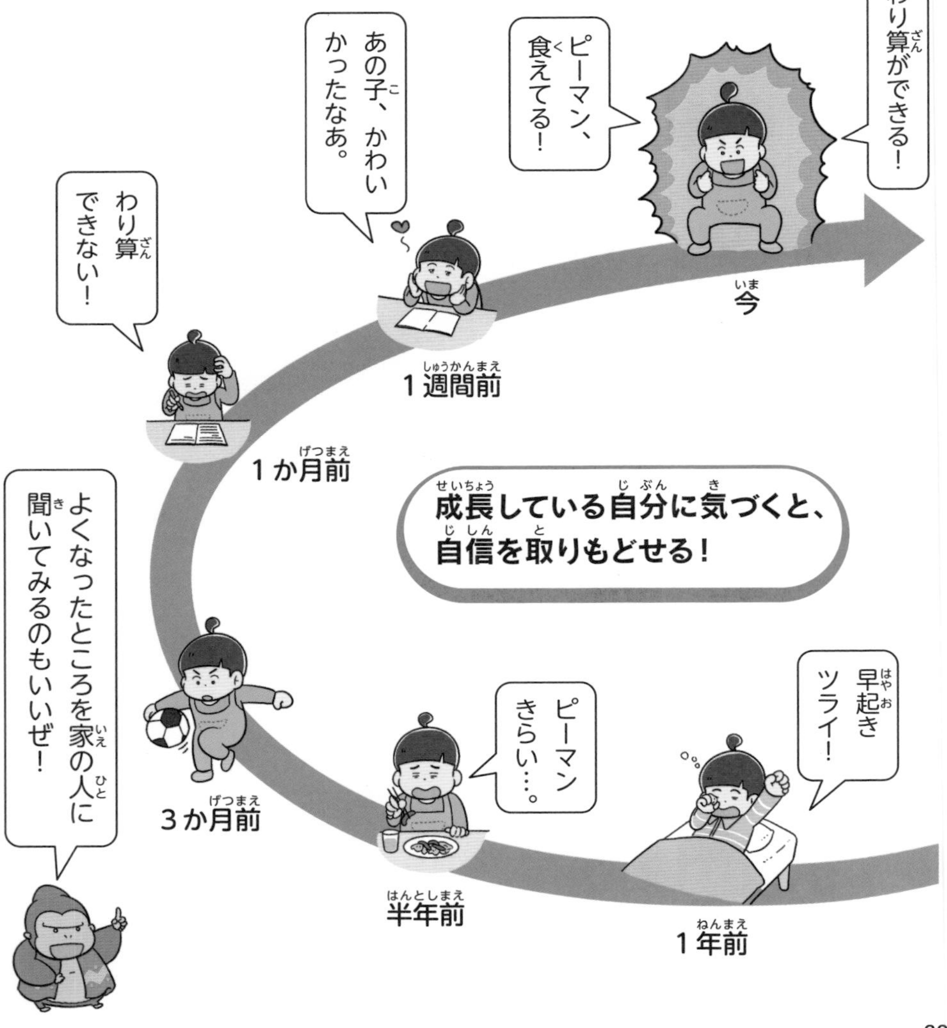
1年前《ねんまえ》
早起《はやお》きツライ！
半年前《はんとしまえ》
ピーマンきらい…。
3か月前《げつまえ》
1か月前《げつまえ》
わり算《ざん》できない！
1週間前《しゅうかんまえ》
あの子《こ》、かわいかったなあ。
今《いま》
ピーマン、食《く》えてる！
わり算《ざん》ができる！
成長《せいちょう》している自分《じぶん》に気《き》づくと、自信《じしん》を取《と》りもどせる！
よくなったところを家《いえ》の人《ひと》に聞《き》いてみるのもいいぜ！

“今《いま》”はこれから変《か》えられる！

もし、「自分《じぶん》は全然成長《ぜんぜんせいちょう》してない」とドキッとした人《ひと》がいたら、今《いま》すぐにできることに取《と》り組《く》んでみて。そして、取《と》り組《く》めた“今《いま》”をスタートにしよう。

今《いま》、できることに取《と》り組《く》む

宿題《しゅくだい》しよっと！
よし！
今《いま》から30分《ぷん》がんばる！
「今《いま》」でしょ？

自分《じぶん》の得意《とくい》なことをのばす

カカ様《さま》、ケーキ作《づく》り手伝《てつだ》ってくれない？
いいよー

できることをふやす

うまい！
よっ

スイッチ③

気持《きも》ちは自分《じぶん》で切《き》りかえよう

ペルルちゃんが好《す》きなヌノーマンって歌手《かしゅ》、変《へん》なことばっかりするよねー。バカだよねー。
えっ
えっ
…変《へん》？　バカ？？？
あんなにかっこいいのに…。
ナスカちゃん、そんなこと言《い》わないでよ!!
ふんっ！
ヒドイ!!
おこっちゃった…。わたし何《なに》かしちゃったのかな…。
ただいま～
もや～もや
おっと、どうしたんだよ？オレのダンスでも見《み》て元気《げんき》出《だ》すか？
それともバナナか？
もやもやをそのままにしちゃいけないんだぞ!!
もやもや

もやもやは、もやもやをよぶ？

うまくいかないことがあって、もやもやした気持《きも》ちになることはない？その気持《きも》ちのままでいると、八《や》つ当《あ》たりしたり、自分《じぶん》はだめだと感《かん》じたりして、もやもやがどんどんふくらんでしまうよ。そんなときは、自分《じぶん》の気《き》持《も》ちを見《み》つめて、もやもや気分《きぶん》を切《き》りかえられるようになろう。

もやもやをそのままにすると
自信《じしん》をなくしてしまう…

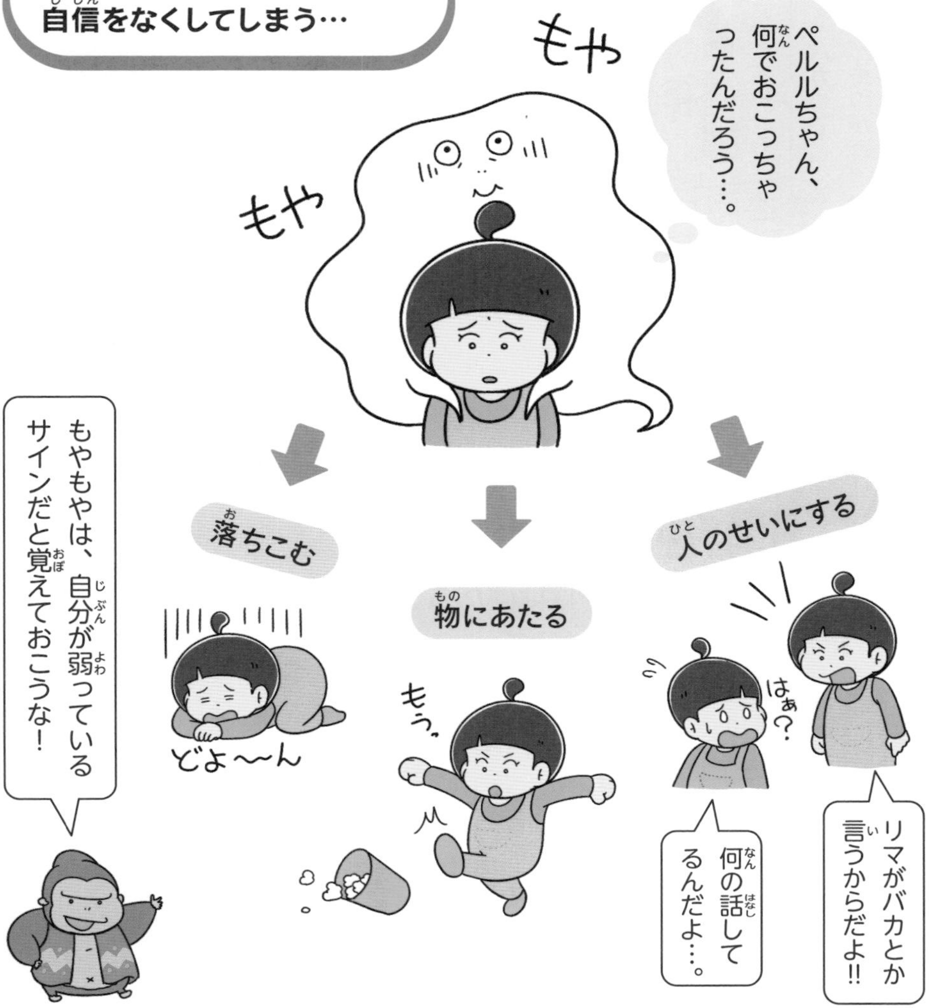
もや
もや
ペルルちゃん、何《なん》でおこっちゃったんだろう…。
落《お》ちこむ
物《もの》にあたる
人《ひと》のせいにする
どよ〜〜ん
もう
はぁ？
リマがバカとか言《い》うからだよ!!
何《なん》の話《はなし》してるんだよ…。
もやもやは、自分《じぶん》が弱《よわ》っているサインだと覚《おぼ》えておこうな！

気持《きも》ちを切《き》りかえて、スッキリ！

①まずは、もやもやしている自分《じぶん》の気持《きも》ちを見《み》きわめよう！

頭《あたま》の中《なか》にあることを言葉《ことば》にして書《か》き出《だ》す

変《へん》とか、バカって
言《い》っちゃったのが
よくなかったのかも？

だれかに話《はなし》を聞《き》いてもらう

なんでだろ？
バカにされてるって思《おも》ったのかもね。

「自分《じぶん》の気持《きも》ちに気《き》づく」のも、
自信《じしん》をもつことへの一歩《いっぽ》だよ。

もやもや の見《み》きわめ方《かた》

◉もやもやしたきっかけは何《なん》だろう？

たとえば…

- テストの点《てん》が悪《わる》かった。
- 自分《じぶん》のせいで試合《しあい》に負《ま》けた。
- 明日《あした》、発表会《はっぴょうかい》がある。
- 友《とも》だちとけんかした。

◉今《いま》、どんなふうに感《かん》じているんだろう？

不安《ふあん》？　くやしい？　後《こう》かい？

こんなことを
言葉《ことば》にするのが
大事《だいじ》だぜ！

②次《つぎ》は気分転換《きぶんてんかん》！　自分《じぶん》で気持《きも》ちを切《き》りかえて先《さき》に進《すす》んでいこう。

ゆっくり休《やす》む

リラックス！

体《からだ》を動《うご》かす

リフレッシュ！

気分転換《きぶんてんかん》ができたら、次《つぎ》に向《む》かって動《うご》き出《だ》そう！

明日《あした》、ペルルちゃんにちゃんとあやまるよ!!
すげーな。ナスカなら大丈夫《だいじょうぶ》だぜ。
ウッホ
翌日《よくじつ》
昨日《きのう》、ごめんね。「バカ」って、「おもしろい」っていう意味《いみ》だったんだよ…。
そういうことかあ。
わたしもそのまま帰《かえ》っちゃってごめんね。

スイッチ4

見方《みかた》を変《か》えて“いいところ”を見《み》つけよう

カッ
カッ
カッ
シュパッ
スゲーーー!!
オレにもそのワザ、教《おし》えてくれよ!!
最初《さいしょ》はけん玉《だま》のかまえ方《かた》から。
こうやって、足《あし》を開《ひら》いてこしを落《お》として…
そんなのいいから、むずかしいワザを教《おし》えてよ。
やだ!!
がんこ者《もの》!!
最初《さいしょ》は基本《きほん》からなの。
もうリマには教《おし》えたくない!!
ふんっ!!
えっとどうやるんだっけ
あっ、またがんこって言《い》われたな…。

“見方《みかた》を変《か》える”とどうなるの？

落《お》ちこんでいるときや自信《じしん》を失《うしな》っているときに、「でも、自分《じぶん》にはこんないいところがある！」なんて考《かんが》え方《かた》を変《か》えられたらかっこいいよね。ちょっとむずかしいけれど、気分《きぶん》も明《あか》るくなって効果絶大《こうかぜつだい》！　少《すこ》しずついろいろな見方《みかた》ができるようになっていこう。

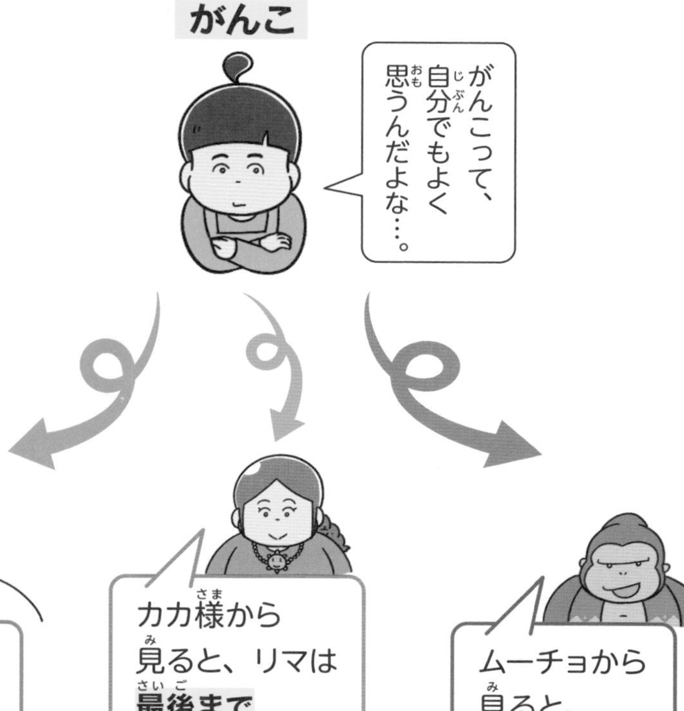
がんこ
がんこって、自分《じぶん》でもよく思《おも》うんだよな…。
チチ様《さま》から見《み》ると、リマはねばり強《づよ》い。
カカ様《さま》から見《み》ると、リマは最後《さいご》までやりとげる力《ちから》がある。
ムーチョから見《み》ると、リマは意志《いし》が強《つよ》い。

「がんこ」という面《めん》も、見方《みかた》を変《か》えると「意志《いし》が強《つよ》い、ねばり強《づよ》い、最後《さいご》までやりとげられる」といういい面《めん》に生《う》まれ変《か》わるよ。

考《かんが》え方《かた》次第《しだい》なんだね！

がんこ → 意志《いし》が強《つよ》い

あきっぽい → 好奇心《こうきしん》が強《つよ》い

だらしない → おおらか

でしゃばり → 積極的《せっきょくてき》

せっかち → 行動《こうどう》が早《はや》い

自分《じぶん》のいいところ
さがしのヒントに
しようぜ！

優《ゆう》柔《じゅう》不《ふ》断《だん》 → よく考《かんが》えている

すぐふざける → ユーモアがある

八《はっ》方《ぽう》美《び》人《じん》 → みんなと仲《なか》良《よ》くできる

気《き》が弱《よわ》い → やさしい

自分《じぶん》のいやだなと思《おも》うところを、いいところに言《い》いかえてみよう。

スイッチ5

落《お》ちこんでもへーキ！ パワー復活法《ふっかつほう》

「立派《りっぱ》な神様《かみさま》になるためのセミナー」の第《だい》2回《かい》に参加《さんか》してくるぜ!!
しばらく留守《るす》にするけど元気《げんき》でな。
行《い》ってら〜。
ズーン…
ただいま、もうはずかしくて消《き》えちゃいたいよ…。
わーん、ムーチョオォォォォ!!
聞《き》いてよ!!
ああ、ムーチョならしばらくいないってよ。
そんなあ〜。
わーん、カカ様《さま》〜!!

好《す》きなものでパワーを復活《ふっかつ》させよう

　自信《じしん》を失《うしな》って落《お》ちこんでいるときは、好《す》きなものにふれよう。「好《す》き」や「楽《たの》しい」は元気《げんき》のもと！　自然《しぜん》と笑顔《えがお》になっちゃうよ。

好《す》きなことをする

あはは
この動画《どうが》大好《だいす》き！

好《す》きなものを食《た》べる

うま〜♡

おもしろかったことを思《おも》い出《だ》す

そういえば…。
ププッ

お笑《わら》い番組《ばんぐみ》などで笑《わら》う

ゲラ
ゲラ

やわらかいものにふれる

きもちいい〜
いいこ♡

好《す》きなにおいをかぐ

カカ様《さま》のにおい好《す》き！

落《お》ちこんでいるときはあれこれ考《かんが》えないで、かたづけをしたり、走《はし》ったりしてみよう。元気《げんき》が出《で》なくて、最初《さいしょ》は気《き》が重《おも》いかもしれないけれど、体《からだ》を動《うご》かしているうちにだんだん気分《きぶん》が上向《うわむ》きになってくるよ。

37ページの
方法《ほうほう》もいいぜ!

部屋《へや》のかたづけをする

きれいに
ならべて
スッキリ!

習慣《しゅうかん》にしていることを、いつもどおりこなす

体《たい》そうも
大事《だいじ》!

大《おお》きな声《こえ》を出《だ》す

もしもし
かめよ〜
かめさんよ〜

思《おも》いっきり体《からだ》を動《うご》かす

グラウンド
3周《しゅう》!!

自然《しぜん》やアートにふれる

外《そと》に出《で》かけてみるのもいいよ。太陽《たいよう》の光《ひかり》や、木々《きぎ》の緑《みどり》、大《おお》きな海《うみ》や山《やま》などの自然《しぜん》、音楽《おんがく》や絵《え》などのアートには、心《こころ》を元気《げんき》にしてくれる力《ちから》があるんだ。

「思《おも》いっきり泣《な》く」のも効果的《こうかてき》！

悲《かな》しいときに、悲《かな》しい歌《うた》を聞《き》いたり悲《かな》しい映画《えいが》を観《み》たりして思《おも》いっきり泣《な》く、という方法《ほうほう》でもスッキリできるよ。悲《かな》しいときに出《で》るなみだには、ストレスを流《なが》し出《だ》す力《ちから》があるんだ。

スイッチ6

人《ひと》とのつながりを大切《たいせつ》にしよう

ムーチョが旅立《たびだ》って3週間後《しゅうかんご》
ただいま〜。
ムーチョだ!!
3週間《しゅうかん》もいなくなるなんて思《おも》ってなかったよ。
Ho《オ》la《ラ》!
オラ!! 待《ま》たせたなー。
ぱっ、パンダ!?
おいおい、おまえらにはオレがパンダに見《み》えるって言《い》うのかよ?
相《あい》変《か》わらずおもしろいやつらだなあ。
ハッハッハ
もう、ゴリラでもパンダでもなんでもいいよ!!
ムーチョはムーチョだからさ♡
それよりもね、落《お》ちこむことがいっぱいあったの。早《はや》く話《はなし》を聞《き》いてよ〜。

“人とのつながり”って？

苦《くる》しいときや落《お》ちこんだときに、よりそってくれる人《ひと》やはげましてくれる人《ひと》がいるといいね。ときには、その人《ひと》が立《た》ち直《なお》るきっかけをくれることもある。そういう関係《かんけい》は、自分《じぶん》を支《ささ》えてくれたり、助《たす》けてくれたりする心強《こころづよ》いものなんだ。

困《こま》ったときは人《ひと》にたよろう

何《なん》でもかんでも一人《ひとり》でがんばることはない！　困《こま》ったときはどんどん人《ひと》にたよろう。

話《はなし》を聞《き》いてもらう

やっぱりわたしにはパンダに見《み》えるよ！
あのね…
うんうん
ええええ～

「めいわくかも？」「こんなこと言《い》ったらバカにされるかな？」なんて気《き》にしないで自分《じぶん》の気持《きも》ちを正直《しょうじき》に話《はな》そう。

大好《だいす》きな人《ひと》、安心《あんしん》できる人《ひと》と過《す》ごす

よしよし

よきライバルの存在《そんざい》で気持《きも》ちをふるい立《た》たせる

あいつもがんばっている。オレも！
あと10回《かい》！

つながりを大切《たいせつ》にしよう

きみのことを大事《だいじ》に思《おも》ってくれる人《ひと》への、やさしさや思《おも》いやりを忘《わす》れないようにしよう。そして、だれかからたよられたときには、きみがその人《ひと》の力《ちから》になってあげられるといいね。

信頼《しんらい》される人《ひと》を目指《めざ》す

自分《じぶん》から声《こえ》をかける
相談《そうだん》にのる
72ページも見《み》てくれよな!
リーダーになる
ごみ拾《ひろ》いなどを率先《そっせん》して行《おこな》う

…んん?ゴリラ…じゃないな?パンダ??本当《ほんとう》に???
おおっ、また姿《すがた》を借《か》りる相手《あいて》をまちがえちゃったぜー。
いいよいいよ、新米《しんまい》の神様《かみさま》なんだしさ、失敗《しっぱい》は「成長《せいちょう》」のもと!!
あはは
その後《ご》、ムーチョは無事《ぶじ》にゴリラの姿《すがた》にもどることができた。

スイッチ7

批判《ひはん》を自分《じぶん》の成長《せいちょう》につなげよう

リマ、もうちょっとシュートの練習《れんしゅう》したら？
フォワードなのにほとんど外《はず》すもんな。
何《なん》だよ、おまえらのほうがヘタくそなのに…。
ふん
人《ひと》のことばっかり言《い》ってら…。
シャカシャカ
ええ…
そこの少年《しょうねん》!! まずはおどろうぜ。
ウッホ
ウッホ
それから、言《い》われたことについてじっくり考《かんが》えてみようぜ。

ひそひそ
ナスカちゃんって、ニコニコしてるけど何《なに》考《かんが》えてるのかよくわからないよね。
はっきり言《い》わないよねー。
はあっ。そんなふうに思《おも》われてるんだ、つらい…。
ガーン
シャカシャカ
おい、そこの少女《しょうじょ》、おまえもだ、おどろうぜ!!
ええ〜
だれかに言《い》われたその一言《ひとこと》、もしかしたら**成長《せいちょう》のチャンス**をもらったのかもしれないぜ!!
そこの**きみ**も、おどりながら考《かんが》えてみないか？
ムーチョぉ
だれに話《はな》しかけてるのー。

それは、批判《ひはん》？　アドバイス？

　イヤなことを言《い》われたら、「うるさいなあ」「聞《き》きたくない！」と思《おも》ってしまうけれど、実《じつ》は、的《まと》を射《い》た言葉《ことば》だったという場合《ばあい》もある。「むかつくけれど、確《たし》かにそのとおり」と思《おも》ったらアドバイスとして聞《き》き入《い》れて、自《じ》分《ぶん》の成長《せいちょう》につなげていこう。

人《ひと》の言葉《ことば》を受《う》けとめて、よく考《かんが》える

ナスカちゃんって、何考《なにかんが》えてるのかよくわからないよね。
はっきり言《い》わないよねー。
リマ、もうちょっとシュートの練習《れんしゅう》したら？
フォワードなのにほとんど外《はず》すもんな。

納得《なっとく》できる　　納得《なっとく》できない

アドバイスとして聞《き》き入《い》れる

練習《れんしゅう》しよっと！
むかつくけど、確《たし》かにそうだな。

聞《き》き流《なが》す

　的外《まとはず》れな一言《ひとこと》には、きずついたり、落《お》ちこんだりしなくていい！

やっぱり、その考《かんが》えはちがう。

それは、だれに言《い》われた言葉《ことば》？

家《いえ》の人《ひと》の言葉《ことば》につい反発《はんぱつ》してしまったり、親《した》しくない人《ひと》の言葉《ことば》に「何《なん》にも知《し》らないくせに！」なんて思《おも》ってしまったり。だれに言《い》われるかは重要《じゅうよう》なポイントだよね。それに、「タイミング」もある。身近《みぢか》な人《ひと》、信頼《しんらい》できる人《ひと》の言葉《ことば》にはしっかり耳《みみ》をかたむけよう。

一目置《いちもくお》く相手《あいて》の言葉《ことば》

あいつの言葉《ことば》は信用《しんよう》できるな。

自分《じぶん》のことをよく知《し》ってくれている人《ひと》の言葉《ことば》

息《いき》をはいて
力《りき》まないで
はい！

身近《みじか》な人《ひと》、信頼《しんらい》できる人《ひと》の言葉《ことば》

今《いま》、やろうと思《おも》ってたのにやる気《き》なくした！
勉強《べんきょう》しなさい。
でも「図星《ずぼし》」だと思《おも》ったら、ごまかしちゃだめだぜ！

スイッチ8

あきらめる？　あきらめない？ 自分《じぶん》で考《かんが》えて進《すす》もう

あきらめる？ あきらめない？
ぶつ ぶつ
うろ
うろ
あきらめたくない？ せっかくがんばって きたんだもんな…。
ずっと続《つづ》けてきたんだから、サッカーをやめるなんて もったいないよ!!
だよなあ…。でも最近《さいきん》、練習《れんしゅう》が つまらなくってさ。
通《かよ》うのも めんどう だしよお。
それ、わかるぅ〜。
おれも 神様《かみさま》セミナーに 通《かよ》うのは大変《たいへん》だぜ。
ジャッパンの 反対側《はんたいがわ》だから、遠《とお》すぎるしよ。
まっ、立派《りっぱ》な神様《かみさま》に なるためだから 仕方《しかた》ないんだけどさ。
へえ、ムーチョでも めんどうに思《おも》うこと ってあるんだね。

あきらめるときって、どんなとき？

長《なが》い間《あいだ》がんばってきたことをやめるのは、長《なが》く続《つづ》けてきた分《ぶん》だけ勇気《ゆうき》がいるね。そんなときは、まず自分《じぶん》に問《と》いかけてみよう。

何《なん》でやめたいの？

ええっと…

例《れい》 サッカークラブ

体《からだ》や心《こころ》に危険《きけん》を感《かん》じる

わくわくしなくなった

ほかにやりたいことがある

きみの理由《りゆう》は、上《うえ》と下《した》のどっちに近《ちか》いかな？

練習《れんしゅう》に行《い》くのがめんどう

全然上達《ぜんぜんじょうたつ》しないからいやだ

ちょっと苦手《にがて》な人《ひと》がいる

上《うえ》の理由《りゆう》が多《おお》い

無理《むり》に続《つづ》けることはないよ。おうちの人《ひと》に話《はなし》をして、体《からだ》を休《やす》めたり、新《あたら》しいことを始《はじ》めたりしよう。

下《した》の理由《りゆう》が多《おお》い

やめるのをいったんストップしてみるのもありかも。長《なが》く続《つづ》けるには努《ど》力《りょく》が必要《ひつよう》だし、始《はじ》めたころに比《くら》べると成長《せいちょう》のスピードがゆっくりになるから、楽《たの》しさを感《かん》じにくくなっているのかもしれないね。

長《なが》く続《つづ》けるにはコツがいる

あきらめる前《まえ》に、できそうなことがあったら試《ため》してみよう。やり方《かた》を変《か》えたり工夫《くふう》したりしてみるといいよ。

目標《もくひょう》を設定《せってい》し直《なお》す

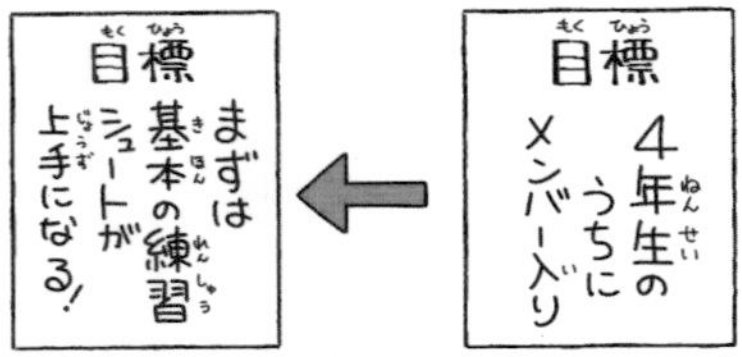
目標《もくひょう》
4年生《ねんせい》のうちに
メンバー入《い》り
目標《もくひょう》
まずは
基本《きほん》の練習《れんしゅう》
シュートが
上手《じょうず》になる!

毎日同《まいにちおな》じ時間《じかん》に取《と》り組《く》む

筋《きん》トレで
体力作《たいりょくづく》り!

始《はじ》めたころの気持《きも》ちを思《おも》い出《だ》す

やった!
リフティング
10回《かい》!!

環境《かんきょう》を変《か》える

ゴールキーパーも
やってみたい
です!

いっしょにがんばる仲間《なかま》を作《つく》る

シュートの
練習《れんしゅう》しよう。
うん!

はげましてくれる人《ひと》を見《み》つける

ガんばれー
ウッホッホ

どっちを選《えら》んでも正解《せいかい》!!

あきらめるかあきらめないか、どちらを選《えら》んでも「こっちを選《えら》んでよかった」と思《おも》えれば、それが正解《せいかい》だよ。

あきらめる

将棋《しょうぎ》をやって
みたいと思《おも》って
入部《にゅうぶ》しました！

「あきらめる」を選《えら》んだなら、新《あたら》しいことを始《はじ》めるわくわく感《かん》を大《だい》事《じ》にしよう。あきらめたからといって、それまでの経験《けいけん》がむだになるわけじゃない。必《かなら》ず自分《じぶん》の力《ちから》になっているよ。

あきらめない

ハットトリックを
目指《めざ》すんだ！

「あきらめない」を選《えら》んだなら、続《つづ》ける苦《くる》しさを乗《の》りこえていこう。あきらめなかったからこそ見《み》える世界《せかい》が必《かなら》ずあるよ！

自分《じぶん》は
どうしたいか
をよく考《かんが》えて
みよう。

《保護者のかたへ》子どもの瞳の輝きを見て、寄り添いしっかり対話をして決めさせてください。正解はありませんが、決めたらその決断を正解にできるように明るく前を向いて生きることがいちばん大事です。

きみができそうだなと思《おも》ったのは、①〜⑧のどのスイッチだった？

あれっ？ペンダントがふえてる!!
ピッカピカだな!!
あと1個《こ》集《あつ》めれば、神様《かみさま》見習《みなら》いから神様《かみさま》1年生《ねんせい》に昇格《しょうかく》するんだぜ。
神様《かみさま》見習《みなら》い？神様《かみさま》1年生《ねんせい》？
神様《かみさま》ランキング
オレ、今《いま》ここ！
オレの尊敬《そんけい》する神様《かみさま》は、神様《かみさま》３５００年生《ねんせい》なんだ。
神様《かみさま》３年生《ねんせい》
神様《かみさま》２年生《ねんせい》
神様《かみさま》１年生《ねんせい》
神様《かみさま》見習《みなら》い
なっ、すごいだろ？オレはもうすぐ神様《かみさま》1年生《ねんせい》になるんだぜー。
ええっ、ムーチョ、まだ見習《みなら》いだったの!?

ってことで、最後《さいご》の1個《こ》のペンダント獲得《かくとく》を目指《めざ》して、ムーチョのおなやみ相談室《そうだんしつ》をオープンしちゃうぜ!!
バーン
ムーチョの
おなやみ相談室《そうだんしつ》
安心《あんしん》してください、相談料《そうだんりょう》は出《だ》せるだけでいいですよ。
ええー、神様《かみさま》なのにお金《かね》とるの!?
ぶー
せこいよー。ムーチョの神様《かみさま》レベルを上《あ》げるための相談室《そうだんしつ》なのにさ!
…おまえら、意外《いがい》としっかりしてるな…。
じゃあ、仕方《しかた》ない。
ここはボランティアでやっちゃうぜ〜。
ジャーン
無料《むりょう》
そうこなきゃ

コラム3

次《つぎ》へのヒントになる！
偉人《いじん》たちの失敗《しっぱい》エピソード

「私《わたし》は一度《いちど》も失敗《しっぱい》をしたことがない。単《たん》に何通《なんとお》りものうまくいかない方法《ほうほう》を試《ため》しただけだ」（➡85ページ）なんて、エジソンさんのメンタル強《つよ》すぎるよな！落《お》ちこんだときには、偉人《いじん》たちのこんな失敗《しっぱい》エピソードを思《おも》い出《だ》して、元気出《げんきだ》そうぜ。

エジソン

数多《かずおお》くの特許《とっきょ》を取得《しゅとく》した発明王《はつめいおう》。蓄音機《ちくおんき》、白熱電球《はくねつでんきゅう》、キネストコープ（映画上映装置《えいがじょうえいそうち》）など、1300もの発明《はつめい》をした。

やっちゃった!!

子《こ》どものころ、風船《ふうせん》を飛《と》ばすヘリウムガスを使《つか》った、自作《じさく》の「空《そら》を飛《と》べる薬《くすり》」を開発《かいはつ》。そして、いかにもあやしいその薬《くすり》を友《とも》だちに飲《の》ませたところ、友《とも》だちはおなかをこわしてしまったそう…。

夏目漱石《なつめそうせき》

『吾輩《わがはい》は猫《ねこ》である』『坊《ぼっ》ちゃん』『こころ』などの小説《しょうせつ》を発表《はっぴょう》し、作《さっ》家《か》として成功《せいこう》をおさめた。

やっちゃった!!

作家《さっか》になる前《まえ》、英語《えいご》の先生《せんせい》だったのに、留学先《りゅうがくさき》のイギリスで英語《えいご》が全《まった》く通《つう》じず、失意《しつい》のまま帰国《きこく》するはめに…。

伊達政宗《だてまさむね》

仙台藩《せんだいはん》62万石《まんごく》を治《おさ》めた、東北《とうほく》の人気戦国武将《にんきせんごくぶしょう》。幼少期《ようしょうき》に病気《びょうき》で右目《みぎめ》の視力《しりょく》を失《うしな》い「独眼竜《どくがんりゅう》」とよばれた。

やっちゃった!!

「お酒好《さけず》きだけどお酒《さけ》に弱《よわ》く、飲《の》みすぎて約束《やくそく》にちこくをしたり、すっぽかしたり。徳川将軍《とくがわしょうぐん》の前《まえ》でもよっぱらってそのままグウグウねむりこんでしまったとか…。そのたびに反省《はんせい》の手紙《てがみ》を書《か》いていたそうだ。

もう自信《じしん》がなくなっちゃったの。
だってみんな上手《じょうず》なんだもん。
はぁ…

PART 4

自信《じしん》をもちたい！

おなやみ相談室《そうだんしつ》

コンプレックスって、案外《あんがい》他人《たにん》は気《き》にしていないんだけどな。でも、本人《ほんにん》には大《おお》きななやみなんだ…。

オレは、やればできる子《こ》だから〜。

相談室《そうだんしつ》プレオープン!

ストレスについて知《し》ろう!

ムーチョの
おなやみ相談室《そうだんしつ》

ストレスって、大人《おとな》がよく言《い》ってるよね。
自信《じしん》をもつことと関係《かんけい》があるのかな?

はあ、ストレスでかたがこるわ。こしも痛《いた》いし。
ああ、つかれた!思《おも》いっきり運動《うんどう》してストレス解消《かいしょう》したいぞ。

ストレスってどんなもの？

◉ストレスとは、ストレッサーとストレス反応《はんのう》のこと。
よいストレスと悪《わる》いストレスがある。

好《す》きな子《こ》が応援《おうえん》してくれた

がんばる
うれしい!!

ストレッサー

〈ストレスを引《ひ》き起《お》こす出来事《できごと》〉

＋

ストレス反応《はんのう》

〈心《こころ》や体《からだ》に起《お》こる変化《へんか》〉

授業中《じゅぎょうちゅう》、先生《せんせい》に急《きゅう》に注《ちゅう》意《い》された

ドキドキ
ブルブル

↓ **よいストレス**

↓ **悪《わる》いストレス**

◉人《ひと》によって、ストレスの感《かん》じ方《かた》はちがう。

コラッ!!
ごめんなさい
ショボン…
ドキドキ
また
おこられちゃった

◉ストレスがたまりすぎると、心《こころ》や体《からだ》に変化《へんか》が起《お》こる。

やる気《き》が出《で》ない

体《からだ》がだるい

おこりっぽくなる

ねむれない

すぐに落《お》ちこむ

食欲《しょくよく》がなくなる

急《きゅう》に悲《かな》しくなる

心《こころ》や体《からだ》の元気《げんき》がなくなると、
悪《わる》いことばかり考《かんが》えて自信《じしん》をなくしてしまう…

ストレスを乗《の》りこえるのも、成長《せいちょう》に必要《ひつよう》なこと。
でも、よくない変化《へんか》を感《かん》じたら家《いえ》の人《ひと》に話《はな》して休《やす》もうな！

ストレスとうまくつき合《あ》おう

ストレスはだれにでもあるけれど、人《ひと》によって感《かん》じ方《かた》がちがうよ。自分《じぶん》の心《こころ》や体《からだ》の反応《はんのう》に気《き》づいて、ストレスとうまくつき合《あ》うことが大事《だいじ》なんだ。

深呼吸《しんこきゅう》する

1、2、3…
すぅ～
4
ピタ
ふぅ～…

笑顔《えがお》でよく笑《わら》う

ギャハハハ
アハハハ

体《からだ》を動《うご》かす

人《ひと》に話《はな》す

など

さあ!
ストレスのもとになるみんなのおなやみにムーチョが相談《そうだん》にのるぜ。
今《いま》なら無料《むりょう》!!
ムーチョの
おなやみ相談室《そうだんしつ》
秘密《ひみつ》守《まも》ります!!

おなやみ相談室《そうだんしつ》①

明日《あした》の発表会《はっぴょうかい》、自信《じしん》がなくて不安《ふあん》でいっぱい…どうしよう？

ねむれ～ ねむれ～
んんん～ ムーチョの子守歌《こもりうた》じゃぜんぜんねむれない～。
ナスカぁ、オレはもうねむくて仕方《しかた》ないぜ。
だって、明日《あした》の発表会《はっぴょうかい》がうまくできるか不安《ふあん》で…。
もし、歌詞《かし》をまちがえちゃったら…。
もし、下手《へた》くそって笑《わら》われちゃったら…。
もし、ステージで転《ころ》んじゃったら…。
もし、練習通《れんしゅうどお》りに歌《うた》えなかったら…。
もし、急《きゅう》におなかが痛《いた》くなっちゃったら…。

アンサー！

未来《みらい》に不安《ふあん》を感《かん》じるのは当《あ》たり前《まえ》。できることをやったのなら、“大丈夫《だいじょうぶ》”と思《おも》って気楽《きらく》にいこう！

あっ、それ、オレもわかるぜー。
ガバッ
えっ、ムーチョも!?
ひとつのことが気《き》になりだすと、どんどん不安《ふあん》が大《おお》きくなっちゃうんだよなあ。
神様《かみさま》テストの前《まえ》がそうだった…
ドキ
ドキ
そうそう、それってどうしたらいいの？明日《あした》に備《そな》えて早《はや》くねたいのに。
そうだなあ。不安《ふあん》を感《かん》じるのは当《あ》たり前《まえ》の反応《はんのう》だからなあ。
明日《あした》のことはだれにもわからない!!
だから、気楽《きらく》にいこうぜ。
ムリムリ〜そんなふうに思《おも》えないよ。
そっかー、人間《にんげん》にはむずかしいんだなあ。
じゃあ、こう考《かんが》えてみるのはどうだ？

自分《じぶん》は大丈夫《だいじょうぶ》!! 失敗《しっぱい》したら、そのときはそのとき!!
って唱《とな》えてみよう。
今《いま》までがんばって練習《れんしゅう》してきたんだから、自分《じぶん》の力《ちから》を信《しん》じるんだ。目《め》を閉《と》じて成功《せいこう》した様子《ようす》をイメージしてみるのもいいぜ。
自分《じぶん》は大丈夫《だいじょうぶ》
ぶつ ぶつ
失敗《しっぱい》したら そのときは そのとき
不安《ふあん》になってねむれなくなるのは、ストレスを感《かん》じているしょうこだからな。
未来《みらい》のことはわからなくて当然《とうぜん》だ。だから、自分《じぶん》が積《つ》み重《かさ》ねてきたことを信《しん》じる!!
…うん、だんだん落《お》ち着《つ》いてきたかも。
そうだよね、がんばって練習《れんしゅう》したもん。
わたしは大丈夫《だいじょうぶ》。
もし失敗《しっぱい》したって…明日《あした》がんばる…ZZZ…スヤァ…。

きみは、不安《ふあん》なときに気持《きも》ちを切《き》りかえることができているかな？

おなやみ相談室《そうだんしつ》②

好《す》きなものに熱中《ねっちゅう》できる子《こ》がうらやましい。だって、何《なに》が好《す》きかわからない…

何《なに》かに熱中《ねっちゅう》できるのっていいよな。
ふたりともすごく楽《たの》しそう〜。
けん玉《だま》はオレもやるけど、すごく好《す》きってわけでもないし…。
あれ…できない…もういいややーめた
リマは、サッカーも一生懸命練習《いっしょうけんめいれんしゅう》してるけど、
オレは夢中《むちゅう》になれるものってないんだよなあ。
オラー♪♫ペソくん!!
ムーチョ!?
ウッホ

アンサー！

夢中《むちゅう》になれるものがなくても大丈夫《だいじょうぶ》。
これから積極的《せっきょくてき》に"好《す》き"を探《さが》していこう！

おせっかいの神様《かみさま》見習《みなら》いのオレと、
一緒《いっしょ》に「好《す》き」を見《み》つけに行《い》こうぜ!!
バーーン
好きなもの
発見《はっけん》めいろ
好《す》きなものの方《ほう》へ 進《すす》め
バスケ
水泳《すいえい》
国語《こくご》
算数《さんすう》
けん玉《だま》
しょうぎ
王
こんな二択《にたく》で好《す》きなものが見《み》つかるの？
これ何《なに》？
「自分《じぶん》の気持《きも》ち」を知《し》る練習《れんしゅう》をしているんだ。
「たくさん」の中《なか》より「どっちか」のほうが選《えら》びやすいだろ？

どちらかを選《えら》ぶうちに、「好《す》き」の基準《きじゅん》がはっきりしてくるんだ。自分《じぶん》がどんなものを好《す》きなのかだんだんわかってくるぜ。
さらに!! こんなことも「好《す》き」につながっていくよ。
好《す》きにつながりやすいこと
★好《す》きでもきらいでもないけれど、続《つづ》けていること
★スポーツのように、体《からだ》がしんどくても気持《きも》ちが楽《たの》しいこと
★身近《みぢか》な人《ひと》がはまっているものの中《なか》で、楽《たの》しそうだと思《おも》えること
「好《す》き」から始《はじ》めて少《すこ》しずつ、夢中《むちゅう》になれるものをふやしていこうぜ。

きみは自分《じぶん》の「好《す》き」をどれだけ思《おも》いつく？

おなやみ相談室《そうだんしつ》3

三日《みっか》ぼうずばっかりで、心《こころ》が折《お》れちゃいそう…

オレ、がんこのほかに三日《みっか》ぼうすになっちゃうところも直《なお》したいんだよな。
最近《さいきん》放《ほう》り出《だ》したこともこれだけあって…。
けん玉《だま》の練習《れんしゅう》
体力作《たいりょくづく》り
金魚《きんぎょ》の世話《せわ》
エサ
お手伝《てつだ》い
オレってダメなやつだよなあ…。
でもリマはサッカーを続《つづ》けてるじゃないか!!
サッカーは、仲間《なかま》やコーチもいるし、練習日《れんしゅうび》が決《き》まってるからさ。
大丈夫《だいじょうぶ》だ
オッケー!! リマのなやみの原因《げんいん》がわかっちゃったぜ。

アンサー！

三日《みっか》ぼうずは、「あきる」のが原因《げんいん》の一《ひと》つ。続《つづ》けられる仕組《しく》みを、自分《じぶん》で考《かんが》えよう！

三日《みっか》ぼうずの最大《さいだい》の敵《てき》は「あきる」ってことだ!!
❶練習《れんしゅう》を始《はじ》める
❷成果《せいか》が出《で》ない
全然《ぜんぜん》うまくならないな
❸数日《すうじつ》でいやになって忘《わす》れてしまう
始《はじ》めたばかりの❶のときは、やる気《き》にあふれているからな。
続《つづ》けるコツは、「あきる」に負《ま》けないようにすること!!
そんなのムリだよ…。
大丈夫《だいじょうぶ》!! 習慣化《しゅうかんか》するってことをやってみようぜ。
ウホッ

習慣《しゅうかん》化《か》の方法《ほうほう》はこれ!!
①一日《いちにち》の予定《よてい》の中《なか》に「続《つづ》けたいこと」を組《く》み込《こ》む
食事《しょくじ》の前《まえ》
おふろの後《あと》
おすすめは、すでにある習慣《しゅうかん》の前後《ぜんご》にくっつけてやってみることだ。
②自分《じぶん》にごほうびを用意《ようい》する
これができたらゲームしてOK！
③やり方《かた》を具体的《ぐたいてき》に考《かんが》える
けん玉《だま》の練習《れんしゅう》をする
乗《の》せられるまで毎日《まいにち》10回《かい》!!
今日《きょう》はもういっか…
あと3回《かい》！
これだったらできるかも…。
やり方《かた》をいろいろ工夫《くふう》してみて、それでも続《つづ》かないなら、それは自分《じぶん》には向《む》いていないことなのかもしれないぞ。
「あきっぽい」は、「好奇心《こうきしん》が強《つよ》い」ってこと!! ほかの「好《す》き」をふやすチャレンジをどんどんしていこう。
わっはっは
気楽《きらく》にいこうぜ!!

続《つづ》けられなかったことと、続《つづ》いたことのちがいって何《なん》だろう？

おなやみ相談室《そうだんしつ》4

自分《じぶん》の見《み》た目《め》に自信《じしん》がない

動画《どう が》共有《きょうゆう》サイト　ChuTube
小顔《こがお》で足《あし》が長《なが》くて、めっちゃスタイルいい、かわいい!!
いいなあ♡
はあっ…やっぱり、わたしの頭《あたま》って、大《おお》きい?よね…。
じー
…え?
ぜんぜんそんなことないよ。
ううん、自分《じぶん》でわかってるから…。実《じつ》は小《ちい》さいころからのコンプレックスなんだ…。
ほんとに、そんなことないってば!!
ナスカは、頭《あたま》がよさそうに見《み》えてかわいいぞ~。

アンサー!

コンプレックスに負《ま》けないように、自分《じぶん》をみがいて毎日《まいにち》を楽《たの》しく過《す》ごしていこう。

コンプレックスって、案外《あんがい》他人《たにん》は気《き》にしていないんだけどな。でも、本人《ほんにん》には大《おお》きななやみなんだ…。
カカも小《ちい》さいころ、自分《じぶん》のかみの毛《け》の色《いろ》がいやだったんだけど、今《いま》は好《す》きになったよ。
大人《おとな》になると、気《き》にならなくなることも多《おお》いんだよな。
わたしは**今《いま》いや**なの!! すぐに大人《おとな》にはなれないでしょ!!
今《いま》すぐ何《なん》とかしたいの!!
よし、コンプレックスに負《ま》けない自分《じぶん》を作《つく》っていく方法《ほうほう》を考《かんが》えようぜ。
メイクをしたり、かみ型《がた》を変《か》えて、きらいな部分《ぶぶん》をかくすっていうこと?
ムキッ
それも方法《ほうほう》のひとつだね。チチはぽっちゃり体型《たいけい》がいやだったから、体《からだ》をきたえたんだぞ。
たくましく見《み》えるだろ?
ムキッ

そして、自分《じぶん》の内面《ないめん》をみがくことも大事《だいじ》!!
得意《とくい》なことをがんばったり、できることをふやしたりして、毎日《まいにち》を楽《たの》しくしていこうってことだ。
気持《きも》ち次第《しだい》で、表情《ひょうじょう》も明《あか》るくなるからな。姿勢《しせい》もシャキッとしてスタイルがよく見《み》えるようになるよ。
…できるかな…。
それは、ナスカ次第《しだい》だぜ!!
やってみようぜ!
かみの毛《け》、編《あ》みこみにしてあげようか。
すっきりして見《み》えると思《おも》うよ。
うん!!
ウッホ♥

きみは、見《み》た目《め》のコンプレックスってある？

おなやみ相談室《そうだんしつ》5

もう立《た》ち直《なお》れない、はずかしい。好《す》きな子《こ》に告白《こくはく》してふられちゃった…

ロタくん、好《す》きだからつき合《あ》って。
公園《こうえん》
ドキドキ
ぜんぜん興味《きょうみ》ない!!
ガーン
かわいそー
やだー
ナスカちゃーん、ロタくんに振《ふ》られちゃった…。
うわーん
あんな言《い》い方《かた》しなくたっていいのに…。
ヒドイ!! ヒドイ!! ヒドイ!!
ペルルちゃん、スゲーよ!!
ムーチョのいじわる～
何《なに》よ、ひどいよ、バカにして!!
ちがうよ、告白《こくはく》なんて勇気《ゆうき》のいることをよくがんばったなって思《おも》ったんだよ。

アンサー!

気持《きも》ちを伝《つた》えられるなんてすごい！
自信《じしん》をなくす必要《ひつよう》は、一切《いっさい》なし！

人《ひと》を好《す》きになる経験《けいけん》は、自分《じぶん》をぐーんと成長《せいちょう》させてくれるんだ。
ロタくんを好《す》きになったことも、告白《こくはく》したことも、振《ふ》られたことだって、全部《ぜんぶ》が経験《けいけん》なんだ。
ペルルちゃんは、経験値《けいけんち》がふえて強《つよ》くなったんだぜ。
すごいねえ。ムーチョ、恋愛《れんあい》のなやみ相談《そうだん》までできるんだ。
ったりめーよ!
失恋《しつれん》の痛《いた》みは「日《ひ》にち薬《ぐすり》」っていってな、時間《じかん》がたてば自然《しぜん》にいえるものなんだ。
ウワサだってすぐに消《き》えるさ!!
キャー♡この人《ひと》かっこいい～。見《み》て見《み》て!!
おっ、もう立《た》ち直《なお》ったな…。

きみは好《す》きな人《ひと》がいる？　その人《ひと》のどんなところが好《す》きなのかな。

おなやみ相談室《そうだんしつ》6

すぐにおこっちゃうのをやめたい！

余《あま》った プリン いる人ーー!! ジャンケン するよー
はーい!
ジャンケン…
ポン
あっ、今《いま》、後出《あとだ》し だろ!! おまえ ずるいぞ!!
してないよ!! 負《ま》けたからって からんでくるなよ。
ひきょうな言《い》い方《かた》 してんじゃねーぞ!!
なんだとー!!
ドンッ
うわっ
ベチャ
しーん
あ…
いって!…
かっとして、つい突《つ》き飛《と》ばし ちゃったんだよ。
ああ、オレ サイテー…。

アンサー!

「いかり」も大切《たいせつ》な感情《かんじょう》のひとつ。おこるのをやめるのではなく、上手《じょうず》におこれるようになろう。

オレ、すぐにおこっちゃう性格《せいかく》を変《か》えたいんだよ。
後《あと》でいやな気分《きぶん》になるし、周《まわ》りも変《へん》な空気《くうき》になるし…。
よく気づいたな
そっかそっか、じゃあ上手《じょうず》におこれるようになろうぜ!!
今《いま》はこんなおこり方《かた》をしているんじゃない?
まちがったおこり方《かた》
★大声《おおごえ》でどなる
なんだと!!
★八《や》つ当《あ》たりをする
お前《まえ》のせいだ!!
★ひどいことを言《い》う
バカだからわかんないか
★暴力《ぼうりょく》をふるう
★相手《あいて》をムシする
ごめん…
ふんっ!!
ああっ…どれもやったことがあるよ。
かっとなるとつい手《て》が出《で》ちゃって…。

すぐにやり返《かえ》さないようにする方法《ほうほう》はこれ!! かっとなったら、まず自分《じぶん》の気持《きも》ちを落《お》ち着《つ》けることを優先《ゆうせん》しようぜ。
はらが立《た》ったときの気持《きも》ちの落《お》ち着《つ》け方《かた》
❶数《かず》を数《かぞ》えて、クールダウン
6秒《びょう》数《かぞ》える
1.2.3.4…
❷大《おお》きく３回《かい》深《しん》呼《こ》吸《きゅう》
スー
ハー
❸その場《ば》からはなれる
クールダウン…オレにできるかなあ。
すぐにはむずかしいかもな。
でも、こういう方法《ほうほう》があるって知《し》っておくことが大事《だいじ》なんだぜ。
あと、その場《ば》で数回《すうかい》ジャンプしてみるのもいい方法《ほうほう》だ!!
気《き》がまぎれる
ぴょーんぴょーん

次《つぎ》に、気持《きも》ちが落《お》ち着《つ》いたら、かっとした理由《りゆう》を考《かんが》えて、言葉《ことば》にして相手《あいて》に伝《つた》えよう。
気持《きも》ちを伝《つた》えるときの言《い》い方《かた》
NG《エヌジー》
後《あと》出《だ》しするなんてずるいよ。
OK《オーケー》
後《あと》出《だ》しされたみたいでいやだったんだよ。
これが、上手《じょうず》なおこり方《かた》だ。
たしかに、「ずるいぞ!!」なんて一方的《いっぽうてき》に言《い》われたら、相手《あいて》もはらが立《た》つよね…。
本当《ほんとう》は、後《あと》出《だ》ししてたかどうかもわからないんだよね。
はぁ…
負《ま》けたのがくやしかっただけで…。明日《あした》、ちゃんとあやまるよ。
いいぞ!
そうだな。悪《わる》いと思《おも》ったら素直《すなお》にあやまるのが正解《せいかい》だ!!

きみは、上手《じょうず》なおこり方《かた》ができているかな？

おなやみ相談室《そうだんしつ》 7

一生懸命《いっしょうけんめい》がんばっているのに、ぜんぜん上手《じょうず》にならない

2年生《ねんせい》から書道教室《しょどうきょうしつ》に通《かよ》ってるんだ。
よく続《つづ》けてるな、2年間《ねんかん》もがんばってるなんてすごいぜ。
だよねー!?
でもね、コンクールに出《だ》してもぜんぜんだめなの。周《まわ》りの子《こ》は入賞《にゅうしょう》とかしてるのに…。
はぁ…
努力《どりょく》しても報《むく》われないことって…あるんだなあ。
せつない…
ウー
シャカシャカ
シャカシャカ
ポ
お答《こた》え

アンサー！

努力《どりょく》が報《むく》われるとはかぎらない。でも、その努力《どりょく》は必《かなら》ず、きみの力《ちから》になっている！

一人《ひとり》ひとりがちがうように、上達《じょうたつ》するスピードもそれぞれちがうんだ。
上達度《じょうたつど》
時間《じかん》
上達《じょうたつ》するまでに時間《じかん》がかかったり
途中《とちゅう》から上達《じょうたつ》がゆっくりになったり
がんばれば、必《かなら》ずできるようになるとはかぎらない…。
ダメじゃん
やっぱりね…。
でも、自分《じぶん》が満足《まんぞく》する上達《じょうたつ》ができなかったとしても、
努力《どりょく》はムダにならないぞ。必《かなら》ず自分《じぶん》の力《ちから》になっているからな。
そして!! いつでもいろんな道《みち》を選《えら》べることを忘《わす》れないでほしいぞ。
★練習方法《れんしゅうほうほう》を見直《みなお》す
★そのまま続《つづ》ける
★やめる
★ほかのことを始《はじ》める
自信《じしん》をもって前《まえ》に進《すす》もう!!

今《いま》までがんばったけれど、うまくいかないことってどんなことだった？

おなやみ相談室《そうだんしつ》8

「がんばろう」を続《つづ》けられない…

来週《らいしゅう》のテスト勉強《べんきょう》進《すす》んでる？
うん、大丈夫《だいじょうぶ》!!
オレは、やればできる子《こ》だから〜。
わっはっは!! やればできる子《こ》、おもしろい言《い》い方《かた》だな〜。
それって、もしかして、「すぐにやらない子《こ》」って意味《いみ》じゃないのか？
あっ…ばれた？
ムーチョうまい!
めんどうでも、やらなきゃいけないときはてきぱき動《うご》く!!
これは、めちゃくちゃ大事《だいじ》なことだぜ。

アンサー！

「やればできる」が、言《い》いわけになっていないかな？
やる気《き》スイッチを入《い》れて、てきぱき動《うご》こう。

やる気《き》スイッチを入《い》れられるようになる方法《ほうほう》、教《おし》えてやるぜ。
ええっ、めんどうなことはやりたくないよ？
めんどうくさいなと思《おも》うとき
★まず体《からだ》を動《うご》かしてみる
ぐるぐる
★まず簡単《かんたん》なことを始《はじ》めてみる
とりあえず3分《ぷん》
★まず部屋《へや》をかたづけてみる
ふー
★いつもとちがう道具《どうぐ》を使《つか》ってみる
ニューボールペン!!
★自分《じぶん》にごほうびを用意《ようい》する
ここまでやったらアイス！
コツは、簡単《かんたん》なことから始《はじ》めること!! できることから取《と》りかかるとスムーズに進《すす》むからな。
なるほど、やってみるよ。

きみは、めんどうくさいって思《おも》ったとき、どう解決《かいけつ》してる？

おなやみ相談室《そうだんしつ》 9

好《す》きなことだったら、ずっとそれだけしていればいい？

見《み》て見《み》て、土偶《どぐう》の絵《え》、上手《じょうず》になったでしょ？
わあ、かわいい。
ペルルちゃん、土偶《どぐう》とか好《す》きだよねえ。
うん、かわいいんだもん!!
でも、絵《え》をかいてると、時間《じかん》を忘《わす》れちゃって、よくおこられるんだ。
勉強《べんきょう》は？
好《す》きなことをしてると、あっという間《ま》に時間《じかん》がたっちゃうんだよね。
もう楽《たの》しいことだけしていたいよ～。
おおっ、上手《じょうず》だな!!
オレの絵《え》もかいてほしいぞ。

アンサー!

自分《じぶん》の好《す》きなことをやるためには、やらなきゃいけないこともしっかりやろう。

みんなだって、本当《ほんとう》はわかっているんだろ?
どんなことにも終《お》わりの時間《じかん》は来《く》るんだ。
楽《たの》しい時間《じかん》を過《す》ごすためには、やりたくなくても**やらなきゃいけないことをしっかりやる必要《ひつよう》があるってこと!!**
楽《たの》しく過《す》ごすための準備《じゅんび》みたいなものだな。
かぎられた時間《じかん》だとわかっているから、より好《す》きなことが楽《たの》しく感《かん》じられるのかもなあ。
はい、ムーチョの似顔絵《にがおえ》だよ。
ウッホ、オレかっこいいぜ♡

きみは、時間《じかん》を忘《わす》れるくらい熱中《ねっちゅう》しちゃうことはある?

おなやみ相談室《そうだんしつ》⑩

勉強《べんきょう》も運動《うんどう》も苦手《にがて》、得意《とくい》なことが何《なに》もない！

ペルルちゃんは絵《え》が上手《じょうず》。
サンちゃんは勉強《べんきょう》ができる。
ポロくんは足《あし》が速《はや》い。
タカくんはピアノがひける。
なのになのに、
わたしには得意《とくい》なことが何《なに》もない!!
んん？そうか？
シャカ
シャカ
ナスカ、歌《うた》は？
上手《じょうず》じゃねーか!!
もう自信《じしん》がなくなっちゃったの。
だってみんな上手《じょうず》なんだもん。
はぁ…
ほかのだれかより上手《じょうず》か下手《へた》かで、自分《じぶん》の得意《とくい》を手放《てばな》しちゃうのか？
もったいないなあ。

アンサー！

人《ひと》と比《くら》べて「だれかより得意《とくい》なこと」って考《かんが》えていない？　自分《じぶん》の「できること」をのばしていこう。

だって、ぜんぜんほめられないんだもん!!
自信《じしん》がなくて苦《くる》しくても、できることをコツコツやる。「得意《とくい》なことがない」「自信《じしん》がない」っていう状態《じょうたい》からぬけ出《だ》すには、それがいちばんの近道《ちかみち》なんだぜ？
そういえば…
やった、乗《の》れた！
歌《うた》うの楽《たの》しい！
ジャーン
完成《かんせい》！
ウホ がんばれ！
コツコツだよね
今《いま》から、歌《うた》の練習《れんしゅう》してくるね!!

きみがコツコツがんばっていることは何《なに》かな？

おなやみ相談室《そうだんしつ》 11

わけのわからないことで、しかられた！

ただいまー。
いつもと同《おな》じ練習《れんしゅう》をしてたのにさ、「そんな練習《れんしゅう》じゃだめだ」っていきなりコーチにしかられたんだよ。
おまけに、いつもより5周《しゅう》も多《おお》く走《はし》らされたし。
今日《きょう》のコーチ、なんか変《へん》だったぜ。
ああ、もうむかつく!! みんなも文句《もんく》言《い》ってたもんな。
オーマイガーッ!!
5周《しゅう》も?!
そりゃ、理不尽《りふじん》な目《め》にあったな。
貴婦人《きふじん》
リフジン？ キフジンの仲間《なかま》か？
理不尽《りふじん》
筋《すじ》の通《とお》らない無茶苦茶《むちゃくちゃ》なことって意味《いみ》だぜ。

アンサー!

理不尽《りふじん》な目《め》にあったとき、「しょうがない」と受《う》け流《なが》すのもひとつの方法《ほうほう》。

どうしてもゆずれないことで理不尽《りふじん》な目《め》にあった場合《ばあい》は別《べつ》だけどな。
はら立《た》つー!!
スルー
「まあ、こんな運《うん》の悪《わる》い日《ひ》もあるか」と思《おも》って、さらりと受《う》け流《なが》すのもひとつの方法《ほうほう》だぞ。
なんでだよ、そんなのくやしいよ!!
そうだな。でも、自分《じぶん》で自分《じぶん》をごきげんな状態《じょうたい》にもどすことができると、人《ひと》のふきげんに振《ふ》り回《まわ》されることがぐっとへるんだぜ。
そっか…コーチもきげんが悪《わる》かったのかもな、ってこと?
イエース!! そんなふうに考《かんが》えられるようになったらイケてるぜ〜。
ウッホ
ウッホ

きみは、理不尽《りふじん》だなと思《おも》った経験《けいけん》はある？

チェックリスト❶ 自信《じしん》を育《そだ》てていこう!!

YES《イエス》をふやしていこう！

YES《イエス》かNO《ノー》に○をつけよう。

1	早寝《はやね》・早起《はやお》き・朝《あさ》ごはん!! 健康的《けんこうてき》な生活《せいかつ》をしているかな？	YES《イエス》・NO《ノー》
2	「興味《きょうみ》のあること」にチャレンジできているかな？	YES《イエス》・NO《ノー》
3	「好《す》きなもの」があるかな？	YES《イエス》・NO《ノー》
4	小《ちい》さな目標《もくひょう》を立《た》てて、毎日《まいにち》コツコツ がんばれているかな？	YES《イエス》・NO《ノー》
5	尊敬《そんけい》する人《ひと》、あこがれの人《ひと》はいるかな？	YES《イエス》・NO《ノー》
6	「ラク」と「きつい」を選《えら》べるとき、 「きつい」を選《えら》ぶことが多《おお》いかな？	YES《イエス》・NO《ノー》
7	日記《にっき》をつけているかな？	YES《イエス》・NO《ノー》
8	自分《じぶん》で考《かんが》えるようにしているかな？	YES《イエス》・NO《ノー》
9	自分《じぶん》で自分《じぶん》のことをほめているかな？	YES《イエス》・NO《ノー》
10	周《まわ》りの人《ひと》を笑顔《えがお》にできているかな？	YES《イエス》・NO《ノー》

自信《じしん》を育《そだ》てるためのお助《たす》けメモ

ねる時間《じかん》は？

（　　　時　　　分）

起《お》きる時間《じかん》は？

（　　　時　　　分）

尊敬《そんけい》する人《ひと》は？

自分《じぶん》で自分《じぶん》をほめたいところは？

好《す》きなものは？

興味《きょうみ》のあること、
できるようになりたいことは？

1つ選《えら》んで、小《ちい》さな目標《もくひょう》を
立《た》てよう

周《まわ》りの人《ひと》を笑顔《えがお》にする方法《ほうほう》は？

チェックリスト❷ 失《うしな》った自信《じしん》を取《と》りもどしていこう!!

YES《イエス》かNO《ノー》に○をつけよう。

❶ 失敗《しっぱい》をこわがらずに
チャレンジできているかな？　YES《イエス》・NO《ノー》

❷ 人《ひと》と比《くら》べないようにしているかな？　YES《イエス》・NO《ノー》

❸ イヤな気持《きも》ちを自分《じぶん》で切《き》りかえる
ようにしているかな？　YES《イエス》・NO《ノー》

❹ 自信《じしん》をなくしたとき、見方《みかた》を変《か》えて
前向《まえむ》きにとらえ直《なお》そうとしているかな？　YES《イエス》・NO《ノー》

❺ 落《お》ちこんだとき、自分《じぶん》を元気《げんき》にする
「パワー復活法《ふっかつほう》」をもっているかな？　YES《イエス》・NO《ノー》

❻ 人《ひと》とのつながりを大切《たいせつ》にしているかな？　YES《イエス》・NO《ノー》

❼ 批判《ひはん》をアドバイスとして聞《き》くことが
できているかな？　YES《イエス》・NO《ノー》

❽ 「あきらめる・あきらめない」を
自分《じぶん》で考《かんが》えて、判断《はんだん》できているかな？　YES《イエス》・NO《ノー》

落《お》ちこんだときのためのお助《たす》けメモ

元気《げんき》なときに考《かんが》えて書《か》こうな。

気持《きも》ちを落《お》ち着《つ》かせてくれるものは？

自分《じぶん》を元気《げんき》にしてくれるものは？

困《こま》ったときに
相談《そうだん》したい人《ひと》は？

いっしょにいてほっとする人《ひと》は？

最近《さいきん》できるように
なったことは？

自分《じぶん》をはげます言葉《ことば》を考《かんが》えよう

おなやみ
相談室《そうだんしつ》
なやめるそこのあなた!!相談無《そうだんむ》料《りょう》ですよー。
神様見習《かみさまみなら》いのムーチョが何《なん》でもお答《こた》えしますよー。
相談室
では、次《つぎ》の方《かた》～。
おまえさんが神様見習《かみさまみなら》いのムーチョさんかい?
そうだぜ、おばあちゃん、どんななやみがあるんだい?
すっ
ええっ?
ピカー!
ムーチョ、よくがんばったのじゃな。
もう立派《りっぱ》な神様《かみさま》1年生《ねんせい》じゃぞ。
し…

シシシシ、シショーーー!!
ガバッ
神様歴《かみさまれき》3500年《ねん》、お師匠様《ししょうさま》の神様《かみさま》か!!
おばあちゃんの姿《すがた》の神様《かみさま》？ ゴリラじゃないんだね。
おやおや、あなたたちはムーチョの修業《しゅぎょう》を手助《てだす》けしてくれた方《かた》じゃな。
ウッホ!! こいつら、どんどん自信《じしん》をつけて、すげーかっこよくなったんだぜ。
な、自分《じぶん》を信《しん》じる力《ちから》がずっと強《つよ》くなっただろ？
おかげでオレも神様見習《かみさまみなら》いから1年生《ねんせい》に昇格《しょうかく》だぜ!!
はいはい、ムーチョ。そろそろ時間《じかん》じゃぞ。

おまえらに教《おし》えることはもうないぜ。オレもそろそろふるさとに帰《かえ》らないとな。
イヤ〜
えっ、ムーチョ、いなくなっちゃうの!?
オレがいなくても、おまえらはもう大丈夫《だいじょうぶ》。
でも、教《おし》えたことは忘《わす》れるなよ。
落《お》ちこみそうなときは、マラカスを振《ふ》っておどるんだ!!
ほらよ
せんべつだ
笑顔《えがお》でバイバーイだぜ!!
ムーチョ、お師匠様《ししょうさま》、また来《き》てね!!
そこのきみ!!
きみも自信《じしん》のもち方《かた》を忘《わす》れるなよな!!
なっ
オレもますます神様《かみさま》修業《しゅぎょう》をがんばるからよ。

ムーチョが古代家《こだいけ》からいなくなって数日後《すうじつご》ー
ZOO
ZOO
動物園《どうぶつえん》
ねえ、あのゴリラ…ムーチョに似《に》てない？
本当《ほんとう》だ！ムーチョにそっくり。
・・・
ムーチョーーー!!
ムゥチョーーーウーーー!!
ムーチョー
おいおい、それはオレじゃなくて、ただのゴリラだぞ！
ムゥチョーウってば!!
キラーーン
やれやれ…まだまだオレの見守《みまも》りが必要《ひつよう》そうだぜ、ウッホ♪♫

おわりに

保護者のかたへ

私の講演会でいつも大きな反応がある話題があります。それは、現代の不幸な大人には４つの原因があるという話です。「不幸な大人の要件」とは、①人目（他人にどう思われるかを気にして、やりたいことをやれない）②比較（「〇〇さんのようにお金がない」「△△さんみたいに頭がよくない」などとむだな比較をして、今の自分を正しい土台として人生を設計できていない）③やらされ感（あるタスクを与えられると、強制されているように感じてしまう）④コンプレックス（「私はモテない」「私は数学が苦手」と根拠のないコンプレックスを心の内側に強固に持っている）の４つです。

まずは、親自身がそんな落とし穴にはまっていないかを見つめてみる必要があります。もし「私自身が本当の自信はないかも」と思い当たったとしたら、「よき親でなければ」と演じるような気持ちは捨てて、素っ裸の自分を日記に書きつけることからスタートするとよいでしょう。**嫌らしい自分も、小さい自分も、ずるい自分も、意地悪な自分も……。自分の心を見つめ、「私は何にワクワクするか、何に心が動いているか」を正確に把握することが、本当の自信を手に入れる一歩目**だからです。恥ずかしいこともさらけ出して対話ができる誰か一人がいると、さらによいですね。

さて、わが子の自信を育むために親としてできることは何でしょうか。**もともと子どもは心の感じるままにすべての瞬間を楽しみ遊ぶことができる生き物ですから、邪魔しないこと＝伸びる芽を摘まないこと**です。具体的には、わが子の輝く瞳を大事にして、上述した４つの落とし穴にはまらないように心がけることです。

さらに親としてできる大事な仕事に「逆境を支える」ということがあります。人は無風無傷で生きていくことはできません。わが子を守りたいという親心は偉大ですが、挫折や失敗という辛い経験の中での内省や、克服したときに培える「心の強さ」を考慮すると、「試練よあれ」と願うくらい骨太な親であってほしいものです。

もしもわが子が辛い境遇に陥ったときに、実は親ほど大きな力を持つ存在はありません。私が一生の中でいちばん苦しかったのは、5年生のときにクラス全員から「大きい頭」をネタにはやし立てられるいじめを受けたときです。一人きりに感じられて世界は暗黒と化し、自死までも想像しました。しかし、帰宅していち早く気づいた母が、夕食時に私をトイレに通じる廊下に呼び出しました。「学校で何かあったろ？　言わんでよかよ。お母さんはあんたが元気なら、よかとよ」と言って、ギューッと抱きしめてくれました。浜辺に書いた文字がひと波で消え去るような「安心」を感じました。世界のどこかに無条件で愛してくれる存在がいると信じられることほど、人の心を支えるものはありません。

いじめは一か月間ほど続き、最終的には自分自身がだんだん強くなり、笑いのネタに昇華することで克服できました。愛で支えてくれた母のおかげです。

現実の有り様や逆境の在り方はさまざまですし、その都度対応は違うものですが、いちばん根っこで支えてくれるものが親の愛情であることは間違いありません。この本が皆さんのお子さんの自信を培う支えとなりますように。

高濱正伸

監修《かんしゅう》　高濱正伸（たかはま まさのぶ）

学生時代《がくせいじだい》から予備校《よびこう》などで受験生《じゅけんせい》の指導《しどう》に携《たずさ》わる。現在《げんざい》は花《はな》まる学習《がくしゅう》会《かい》、スクールFC《エフシー》などの学習塾《がくしゅうじゅく》の運営代表《うんえいだいひょう》。子《こ》どもを「メシが食《く》える大人《おとな》に育《そだ》てる」が理念《りねん》。2015年《ねん》より佐賀県武雄市《さがけんたけおし》で官民一体型《かんみんいったいがた》の学校《がっこう》を開校《かいこう》。2020年夏《ねんなつ》からは、「花《はな》まる無人島《むじんとう》プロジェクト」を開始《かいし》。ワクワクが大好《だいす》き。

どんな子《こ》だった？

「足《あし》が遅《おそ》い」「背《せ》が低《ひく》い」「頭《あたま》が大《おお》きい」などコンプレックスの塊《かたまり》で、指《ゆび》しゃぶりにおねしょ、車《くるま》よいをする子《こ》でした。こだわりが強《つよ》く、トランプなどで負《ま》けると大泣《おおな》きしてくやしがるところもありました。夏《なつ》は毎日山《まいにちやま》にクワガタを取《と》りに行《い》き、川《かわ》で遊《あそ》んでいました。

マンガ　深蔵（ふかぞう）

愛知県出身《あいちけんしゅっしん》。製《せい》パン会社営業《がいしゃえいぎょう》から社内SE《しゃないエスイー》を経《へ》た後《あと》、マンガ家《か》・イラストレーターに転身《てんしん》。フードコーディネーター・薬膳《やくぜん》コーディネーターの資格《しかく》も持《も》つ。オリジナルレシピの考案《こうあん》も得意《とくい》。

どんな子《こ》だった？

教科書《きょうかしょ》の肖像画《しょうぞうが》やノートによく落書《らくが》きをしていました。ある日《ひ》、テスト用紙《ようし》のうらの落書《らくが》きを見《み》た先生《せんせい》に赤字《あかじ》コメントで絵《え》をほめられたことがとてもうれしく、自信《じしん》にもつながりました。

【スタッフ】
本文デザイン　加藤朝代（編集室クルー）
装丁デザイン　鈴木大輔・江﨑輝海（ソウルデザイン）
校正　くすのき舎
編集協力　板谷路子

10才《さい》からの自信《じしん》をもつ方法《ほうほう》

2023年　11月10日　第1刷発行

監　修　高濱正伸
マンガ　深蔵

発行者　永岡純一
発行所　株式会社永岡書店
〒176-8518　東京都練馬区豊玉上1-7-14
（代表）03-3992-5155　（編集）03-3992-7191

印刷・製本　クループリンティング

ISBN978-4-522-44103-9　C8076
乱丁本・落丁本はお取替えいたします。